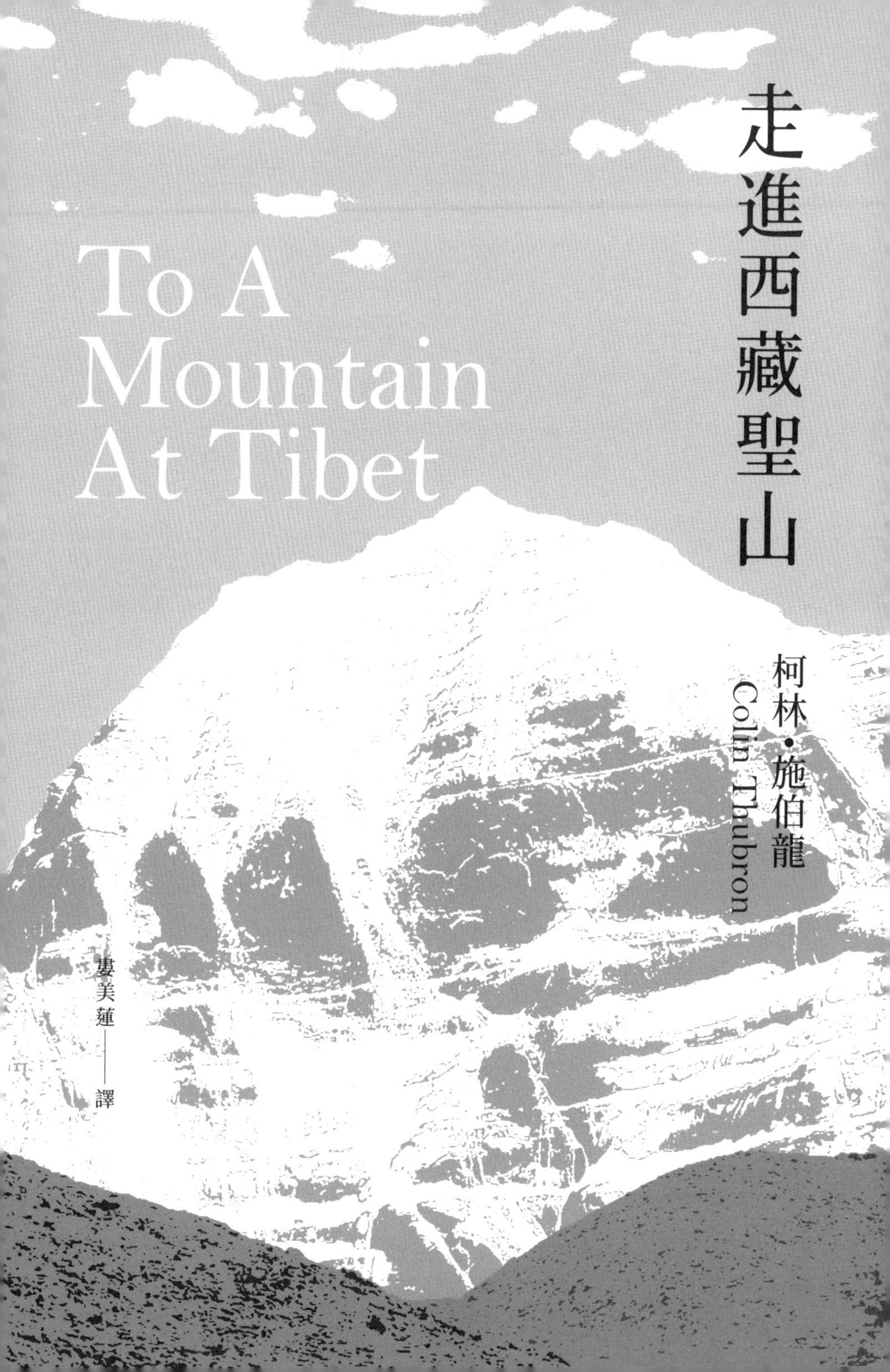

走進西藏聖山

To A Mountain At Tibet

柯林・施伯龍
Colin Thubron

婁美蓮——譯

中國
巴基斯坦
西藏
岡仁波齊峰
拉薩
德里
尼泊爾
加德滿都
不丹
印度
孟加拉
往印度河源頭
曲拉
哲熱普寺
地嶽坡
卓瑪拉山口
18,600英尺
岡仁波齊峰
22,027英尺
曲古寺
尊最普寺
經幡柱廣場
塔欽
薩特累季
河源頭
西
藏
巴噶
水渠
往布拉瑪普得拉河源頭
瑪旁雍錯
拉昂錯
往卡納利河（恆河）源頭
北
達拉冬山口
15,060英尺
納木那尼峰
25,354英尺
香柏林遺址
東要
塔克拉噶
印度
科迦寺
卡納利河
希薩
娜拉山口15,160英尺
雅里
托利亞山口11,120英尺
揚格
庫穆其亞河
穆邱
頁爾班
克米
圖林
錫米科特
尼
泊
爾
賽帕爾峰群
23,067英尺
卡納利河
0 10 20 英里
0 10 20 30 公里

第一章

太陽爬到了頂端。沿路，銀灰色的大圓石滾落在由荊棘和煙藍色花朵鋪成的墊褥裡。前方，山上的烏雲盤桓不去。除了我們的腳步聲以及雪巴登山杖的碰撞聲外，再也沒有其他的聲音。腳下的碎石閃爍著石英的光芒。

剛開始的幾個小時，我懷著莫名的興奮。道路閃耀著一種堅硬的光澤，大地又年輕了起來。或許是高度帶來了光明和希望。就在一個小時之內，我們從海平面拔升到八千英尺的高空。我感覺整個人輕飄飄的，彷彿騰空而行一般。

在我們腳下，名叫錫米科特（Simikot）的小鎮就掛在萬丈懸崖邊。鎮上波浪狀的鐵皮屋頂在綠色的青稞田裡一閃一閃，快速地往後退去。從那曬得乾裂的跑道起飛的雙引擎小飛機已經載著我們在山裡繞了一圈。這裡根本沒有路。胡姆拉（Humal），尼泊爾最偏遠的地區，至今只有少數的健行者造訪過。最近的柏油路（從加德滿都到德里的低海拔公路）遠在幾百英里山路外的南邊；至於東邊，登山者的終極目標道拉吉利峰（Dhaulagiri）、安娜普納峰（Annapurna）和珠穆朗瑪峰（Mt. Everest）則不在視線範圍之內。

途中我們發現，有條林木蓊鬱的山溝往西縱走，一連切開了好幾座山脈。其山壁極為陡峭，落差高達一千五百英尺，山頂則覆蓋著雪和雲。遠在我們腳下，無聲無息流經這凶險山溝的是恆河的最上游卡納利河（R. Karnali）。船無法在上面航行，不過未來的十天，它將指引我們往北走。前路迢迢，我將踏雪而行，翻越長達幾百英里的西喜馬拉雅山，進入西藏。

就健行隊而言，我們的規模算小的：只有一名嚮導、一名廚子、一名挑夫，還有我。我們沿著峽谷緩緩前進，途中偶爾會遇到趕著精壯馬匹或騾子往返於各個村落的落單商人。這些人通常又黑又瘦，穿著破舊的厚外套，戴著頭巾，他們邊走邊聽牲畜身上的鈴鐺聲，並不時輕聲吆喝著，以防任何一頭走失。他們的女人跟在旁邊，身上披掛著大紅大綠的布，粗壯的手臂戴了一圈又一圈的手釧，鼻孔和耳朵也都穿著金環。她們看起來又強悍又豪邁，笑時直視著你的眼睛，絲毫沒有扭捏作態的樣子。

我們抵達一座石堆，上面插著已經風化的路標，於是我們往下，穿過松樹林，往河谷走去。凌空而降的瀑布挾著巨大的嘶吼奔至我們眼前。在我們後方，是遠處那一畦畦嵌在陡坡上的細長梯田，田裡種著黃澄澄的玉蜀黍。山坡被晚春的花朵、不知名的灌木妝點得萬紫千紅。巨大的核桃樹現身，銀色的灌木散發著香氣，高聳的群山圍成鋸齒狀的城垛，似乎在保護這塊淨土不受外人打擾。

沿途我們經過的，幾乎都是不為人知的村落。花崗岩巨石擋住比它們還要脆弱的房舍，這裡的農舍都是用石塊砌牆，牆縫裡再塞入曬乾發白的木頭。它們呈半廢棄狀態，恬適地坐落在農地上方，所以當我們走在溪谷上方時，總會路過水稻田和祭拜濕婆的小神龕，我猜這是個宛如世外桃源的寧靜小村莊。

不久有個男人加入了我們。他看起來非常糟糕。他的夾克滿是補丁，他的運動鞋開了口。他連珠炮似地問了雪巴一堆問題。要怎樣才能離開這個鬼地方？這裡鳥不生蛋，啥都沒有。他的家人沒辦法靠一小塊水田過活……食物根本不夠……

黝黑臉孔上的一雙眼睛緊盯著我們，他就這麼跟著我們走了好幾英里。他不能放我們走，因為我們身上散發著外面新世界的氣息。他不曾去過加德滿都，也從未離開這片土地。然而一場大雨沖刷掉他房子周圍的土地，房子滑落到底下的河流裡。

「我已經五十六歲了……卻窮得要死……我兒子和媳婦打算買一匹馬，可我們根本買不起……一匹馬要四萬盧比啊……」

幸好這悲傷輓歌還閃耀著堅忍的火花。彷彿講的是別人家的事，他露出參差不齊的牙齒，自嘲地說道：「原來的那匹太老了……快要死了……」

當然，要在這片貧瘠的土地上謀生談何容易。這裡不僅寒冷，而且耕地狹小、布滿石礫。我對世外桃源的幻想因為他的這番話而破滅了。梯田零星地散布在我們身後，而在我們頭頂，裸露、尖削的岩石爭先恐後地穿透綠色的山坡。有時我們走在從峭壁勉強刻鑿出來的陡峭步道上，有時則走在碎石鋪成的階梯上，只要一個不小心就會跌得粉身碎骨。

就在其中一條羊腸小徑上，我們發現一塊石頭，上面用紅漆塗著毛派反叛軍的標誌：一把榔頭和一柄鐮刀交疊並圍著一個萬字（在這裡，萬字是一個代表幸運的古老符號）。只是留下這記號的游擊隊已經離開了。將近十年的時間，他們癱瘓這整個地區，向少數膽敢闖進這裡的外國人收取過路費。他們奪走一萬三千條尼泊爾人的性命。然而，此刻，三年後的今天，隨著加德滿都的王室遭到屠殺，他們回到首都，跟軟弱無能的政客爭奪政權。至於他們刻在峭壁、巖石上的古老口號：「追隨毛派路線！」正慢慢褪色中。

終於，那名農夫往回走了，他用力揮舞著手臂，聲音迴盪在岩石間：「我們已經沒有國王了……我們一無所有……」然後，好像他會陪我們走到最後似的，他問了一個問題：「你們要去哪裡？」

雪巴大聲地吼了回去：岡仁波齊峰*！這名字一路傳到了谷底，這下大家都知道了。但農夫沒有聽到，對他而言，那不過是某個幻想出來、毫無希望的遙遠地方。

是的，即使在西方，情況還是如此。世上最令人敬畏的山（對五分之一的地球人而言，它是神聖不可侵犯的），始終靜默地聳立在高原上。我聽說它好幾年了，卻一直覺得它是人們捏造出來的。它孤立在中喜馬拉雅山脈形成的屏障之外，在古老的印度經文裡，它被稱為神祕的須彌山，有關它的記載最早可追溯至亞利安人時代。傳說這座須彌山是宇宙的軸心，天地萬物繞著它而運轉，上窮碧落幾萬萬哩是至高無上的神祇梵天的宮殿，下窮黃泉直抵地心。從

* 岡仁波齊峰（Mount Kailash），是岡底斯山脈（Gangdise Mountains）的主峰，海拔約六千七百公尺，藏語 Gang Rinpoche 意為「神靈之山」，梵文 Kailāsā Parvata 意為「濕婆的天堂」。印度教、藏傳佛教、西藏原生宗教苯教以及耆那教都認定此山為世界的中心，奉之為「神山」。

它的山腳下，流出四條哺育大地的河，而所有被創造出來的物體：樹木、石頭、人類，得以在此安身立命。此刻，神話的須彌山和現世的岡仁波齊峰已經在人們的心裡合而為一。早期尋訪印度四大河——印度河、恒河、薩特累季河、布拉瑪普得拉河源頭的探險家在這裡找到了答案：原來每一條河都是源自於岡仁波齊峰的某個面。

於是，人類發現了世界的心臟。它的美令人屏息，遠遠超越它的同伴喜馬拉雅山，彷彿神有意眷顧於它。對信徒而言，此山閃閃發光，閃耀如水晶。它是宇宙的源起，生自於甘露聖水和梵天的意志，然而就算梵天本身也非長生不老。太陽和諸行星環繞它而運行，北極星永遠高掛其上。世界各大洲以它為中心，呈放射狀擴散開來，彷彿蓮花的花瓣舒展在宇宙的海洋上（人類集中在南邊的花瓣），而它的山坡則是令人流連忘返的天國樂園。

只可惜死神駐守在這座山上。沒有什麼是完整的、永恆的，一切皆變幻無常，就連死神自己也一樣。在須彌山山下的大海裡，越過一圈淡紅色的鐵礦山，無數聖山的化身，下場都一樣，它們不斷地複製自己，藉由死亡和復活邁向永恆。

走在卡納利河谷裡，我可以任憑想像奔馳，不受任何干擾。年輕的恆河在天邊撕開一道口子，咆哮而來。雪巴人口裡哼著歌。

岡仁波齊峰，雖然現在還看不到它那堅硬、嶙峋的山峰，但我知道它所在的地方比這裡還荒涼。那裡什麼都沒有，除了信仰。幾世紀以來重複交疊的神話讓它快速地走進歷史。大約在一千年前，掌管這座山的異教神祇被迫改信佛教，並成為佛教的護法。當然，有些神祇逃脫了，可能旁邊還跟了位飛天仙女，在此徘徊不去。不過，隨著諸佛菩薩紛紛深入巖穴裡修行（為了幫助眾生，諸佛菩薩延遲了自己進入涅槃的時間），這座山因為祂們的慈悲而綻放出光芒。然後，釋迦牟尼佛親自來到了這裡，用祂的腳印把岡仁波齊峰穩穩地釘在地上，以防它被邪魔給拖走。

這座山所背負的傳說是如此的光怪陸離，三言兩語很難說得清楚。此山如此崇峻，相傳最早的藏族國王就住在山上，乃天神的後裔（如今這個位子早已被架空，變得孤力無援）。而印度教徒相信其峰頂是濕婆（Shiva，毀滅和變化之神）的宮殿，濕婆就端坐在那裡，永生永世地冥想。不過，沒有人知道第一位朝聖者是什麼時候來的。佛教牧人和印度教修行者想必已經在這裡轉山了好幾世紀，而神賜予他們的恩典確實非比尋常，使得後人宣稱只要轉上一圈就能消除此生的罪孽。要接近此山十分危險，但並非完全無法進入。只在十九世紀，由於中國的排外心理，使得西藏成了一片禁地。而岡仁波齊峰本身也有它自己的禁忌，它本身十分神聖，至今無人攀爬過。

不過，最近這幾年保護它的，倒不是它的神聖不可侵犯，而是政策的不開放。一九六二年，就在文化大革命發生的前四年，中國政府明文禁止所有宗教活動在此進行（雖然有心人士還是會偷偷地轉山）。唯一的例外是在一九八一年，第一批西藏人和印度人被允許回到了聖山。十二年後，幾名健行者實驗性地在政府的同意下，跨越尼泊爾和西藏的邊界。

我的小旅行就屬其中之一。申辦通行證（我將進入軍事管制區）的複雜手續，我全交給加德滿都的旅行社代辦，只是中國政府對單獨行動的散客不放心，在邊界的時候，硬要我加入七名英國人組成的健行隊（我們將在岡仁波齊峰的山腳下分手），好假裝我不是獨自進入西藏的西部。我那尼泊爾籍的馬夫，來自胡姆拉的塔庫里（Thakuri）貴族，也必須在邊界跟我們告別。不過，艾斯沃，我的嚮導，瑞姆，我的廚子，將陪著我一起翻山越嶺。他倆是大蒙人（Tamang），與藏族血緣相近的英勇民族，此刻他們經驗老道地走在我的前面或後面，每人身上背負著超過五十磅重的裝備。

艾斯沃說得一口破英語。他有厚實的肩膀，和他們族人特有的健壯O形腿，不過，二十七歲的他來從事這份工作似乎還太稚嫩，顯得有些羞澀。在我看來他很脆弱（不是肉體上的），動不動就陷入憂鬱的情緒中。不過，他伺候我還算勤謹。當路變得比較寬的時候，他會走到我身邊並遞上他的水壺，藉此打破沉默。一千多年以前，他們大蒙族離開西藏，來到珠穆朗瑪峰的西側定居，之後又分散至尼泊爾各地。在我們聊天的過程中，我發現他根本就不是什麼高山族。他的村子位在靠近加德滿都的山丘上，他的廚師父親在有了三個小孩後，決定舉家搬遷至那裡。

「我們家鄉的傳統跟雪巴人的一樣。我們是天生的騎兵，在很久很久以前，雖然我不知道是什麼時候。現在我們陪著人去健行，當嚮導、當挑夫。這就是我們大蒙人目前的處境。」

「至少你住在加德滿都！」我試圖安慰他，聲音聽起來卻不怎麼有說服力。加德滿都已經被從鄉下湧入的民工、老舊的公共建設以及腐敗的政治給淹沒了。

「是的。我們大蒙人必須走出去。我們需要工作、需要受教育。不過，我的家人在村子裡還有一處產業。那裡很安靜、很漂亮。我媽守在那裡，負責把我們的地租給其他農民。上面可以種玉米，只可惜太小了。」

這是整個亞洲面臨的困境：人們必須離開自己出生的土地。他愛卻也鄙視他的故鄉。那裡沒有未來。他說：「大家都到外地謀生去了。不只到加德滿都，而是到印度、到沿海，甚至是更遠的地方。」

幸好他仍有一半屬於他的故鄉。不輸廚子和馬夫，他也能扛起一騾子馱負的貨物。只是他的心靈已經被城市污染了。他露出光潔高聳的額頭，頭髮往後束成馬尾，他的五官透著相撲選手的溫柔憨厚，乍看之下，雌雄莫辨。

他說：「現在我們村裡只剩下老人了。」

位於我們下方的小路上，有個女人走得又快又急。在她的背上，綁著一個生病的嬰兒，活像只壞掉的洋娃娃。艾斯沃叫住了她。她說她要趕去錫米科特找藥醫治她的孩子，頭也不回地走了。

艾斯沃停下了腳步，說道：這裡不比英國。

這裡每出生一千名嬰兒就會有五十個夭折。於是我問：「你有孩子嗎？」

他似乎遲疑了一下。「我還沒結婚。我會等到十年後才結婚。是的，我心目中有喜歡的女孩，不過，我必須等待。在我們家鄉，男人都十八、九歲就結婚，但我不想這麼快就過那樣的生活。」然後，好像終於找到機會說出壓抑許久的疑問似的，他問：「那你呢？你為什麼在這裡，獨自旅行？」

我不能告訴他。

我之所以在這裡是為了紀念某人。

有些時候早在我們跨出第一步之前，旅行就已經開始了。我的旅行，不經意地，開始於不久之前，在一家醫院的病房裡，當時我正失去最後一名親人。世上再也沒有比變成孤單一人更詭異的情境了。失去父母可能會令人極度悲傷，甚至罪惡感地慶幸得到解放。至於我，則覺得有必要替他們的過往留下記號。我母親才剛去世，以她並不喜歡的方式（在我看來）；我父親走在她之前，而我姊走在更早之前，當時的她才二十一歲。

在這裡時間是變動的。有時我彷彿又回到孩童時代，正試圖去理解什麼叫做**永遠不復返**。俗話說，人類不懂得永恆，不管是時間的或空間的。而世上**絕無僅**有的山就橫亙在我們面前。比起只有鼓聲壯行，我們的裝備算是齊全的。

我的嚮導瞪大眼睛望著我，一臉困惑。孤獨在這裡是不受歡迎的。於是我開玩笑地說道：因為沒有人蠢到想要跟我一起旅行！

已經是下午了。我的腳踩在石礫上嘎吱作響。我知道，我無法走出悲傷，無法原諒自己獨活了下來，也無法使任何人復活。我只能接受今非昔比、世事無常的事實。於是，我選擇了地球表面某個特殊的地方，展開一場不具宗教目的的朝聖之旅。我走了出去（雖然這同時也是我的工作），走到某個風土民情完全迥異於自己祖國的地方，走到滔滔江水的盡頭。最終，我走進人們心目中的聖山，並在那兒休憩。

這中間的心路歷程實在很難解釋。旅行不是心理治療。它帶給我們的只是改變的假象，以及習慣把吃苦當作吃補。

艾斯沃明明壯得像一頭牛，卻停下來抱怨有隻蚊子叮了他的手臂，他還張開手指給我檢查。我告訴他，它們胖嘟嘟的就像嬰兒的手。結果大家都笑了，又繼續向前走。

如果你問我**為什麼**出來旅行，只會聽到我的沉默。這不是個好問題（其實根本也沒有什麼好不好的問題）。我折磨自己只因為世界是無常的？我洗滌的是誰的傷痛？不是他們的。一位年長的西藏喇嘛告訴我，靈魂是沒有記憶的。死人不會記得他們的過去。

此刻，太陽射出極度耀眼的光芒在我們身後緩緩下沉。

傍晚，在名為圖林（Tuling）的小村落裡，有個家庭收留了我們。在一片有著泥土屋頂、半灰泥牆的矮房子群裡，他們是最窮的。要進去裡面，還得爬上架在山坡上的木造階梯。他們一家九口，住在三個小房間裡。牆壁是用灰泥還有不怎麼堅固的石塊砌成的，蓋得很厚，以防寒冬。牆上挖了個長方形的洞，充作窗戶，上面糊著已經裂開的玻璃紙。這家人沒有家具、沒有自來水。他們的廁所就是幾片破布圍起來的一小塊地。

我們困窘地蹲坐在泥土地上，艾斯沃、廚子還有我瞬間成了巨人。我們的旅行裝備（比這家人所擁有的還要多）緊靠著牆壁堆放。他們的家當全收在幾個袋子裡，袋子就掛在穿過灰泥牆的橫梁上。黑得發亮的蒼蠅在天花板上飛來飛去。

勞里（Lauri），這家的主人跟我們坐在一起，十分地熱情、健談。他有雙濕潤的黑色眼睛。他的老父親和老母親、妻子還有五個孩子來來去去，有時則圍坐在一只生鏽、有煙囪直通天花板的爐子旁。他們身上穿的幾乎可說是破布，上面沾滿了灰塵，手肘、肩膀、膝蓋的部位都裂開了。這家的女人光著腳在地上走——小孩也是，腳背上還有涼鞋留下的一條條曬過的痕跡。有三個女孩長得很美麗，不過，在她們的眉宇間已經可以看見憂愁的影子了。

至於棺材踏進一半的那兩位老人家，則是視我們如無物：他們一個是狂風暴雨，一個是行屍走肉。狂風暴雨的那位非常瘦，就像竹竿一樣，在隔壁漆黑的小房間裡，她正攪動木槽裡的奶油，並高聲地咒罵自己。那些罵人的話，連艾斯沃都不好意思翻譯。她會三不五時地出現，跌跌撞撞地走近我們身後的那道門，不管我們的瞠目瞪視。她的頭上纏著破布，耳朵和鼻子卻戴了一堆金飾，看樣子她的嫁妝全在上面了，腳踝則套著黃銅環。

夕陽餘暉中，她的老公獨自坐在外面。他有雙朦朧、愛做夢的眼睛，穿著曾經是白色的破爛長罩衫，搭配已經過時的緊身毛線褲。罩衫背後印著令人匪夷所思的「Cut Short」二字。他不曾開口講話，祭司般的打扮讓我猜測他是否曾是位薩滿巫師——他們和佛教同時在這片山林裡存活了下來。只有當鄰居的小孩擠在門口，想看外國人長得什麼樣子時，他才會站起身來，揮舞手中的細木棍將他們趕走。

這家人實在是太窮了，窮得只能拿一些營養不良的米飯招待我們。我們把它和我們帶來的扁豆、菠菜摻在一起，並拿出餅乾和他們分享。勞里的太太拿出湯勺和大碗幫大家分配食物，孩子們圍在她的身後，艾斯沃則忙著替我們寒酸的交易做翻譯。

勞里聰明卻也無奈：他的家鄉孤立無援，他很早就已經體認到此一殘忍的事實。「問題在於我們缺乏教育。」他說：「永遠只有世界接濟我們。我的父親和母親已經沒救了——你也看到了——我也沒救了。我已經三十五了。我太太也是，她根本就是個文盲。」她微微地笑了。「現在，我的小孩都有去上學。我把希望寄託在他們身上，在男孩子身上。只是五個好像太多了。我們生完了一個又一個。」他揮舞著手臂，笑著說道。「不過，現在我們終於有個兒子了！女兒總有一天要嫁人，離你而去，但兒子就不一樣了。兒子會陪伴在你身邊，幫你送終。」在我們附近的村落，他說，生兒子的會鳴槍放炮、大肆慶祝，生女兒的則靜悄悄的，半點聲音都沒有。

在只憑一盞燈泡（由村裡的太陽能統一供電）照明的昏暗小屋裡，他的孩子靠牆盤腿坐在他的後面，睜著在飢餓三十的宣傳海報裡會看到的那種無辜大眼睛。最年長的女孩似乎比較受寵，身穿褪了色的蘋果綠洋裝，上面繡著粉紅色的葉子和花朵。不過，其他孩子的穿著相形破爛了許多，教人不敢恭維，直到神奇的老四，唯一的男孩；然後沉重又撲向最後一個瘦得像猴子的女孩，她掛著兩條鼻涕，穿著姊姊們傳下的舊衣衫。

「女孩們的親事都訂了嗎？」我問。「如果她們自由戀愛了怎麼辦？」此話一出，長女馬上有了反應。

勞里說：「那也沒有關係。現在都時興那麼做，時代變了。我們並不在意她們選擇跟怎樣階級的人結婚。」

「那要花很多錢吧？」

「沒錯，當然。新娘子當然得帶嫁妝過去。不過，如果她的娘家很窮的話……那就什麼都沒有了。」他看著地上說話。

尼泊爾的種姓制度早在四十年前就崩毀了，艾斯沃低語道。然而，它依舊存在於人們的思想中。我知道他們是塔庫里人，跟中世紀的尼泊爾王朝有很深厚的淵源。如果硬把尼泊爾的種族粗分為兩大類的話，一是住在低海拔地區的印度入侵者，一是住在高山地區、有著西藏血統的反抗者——他們是我們正要去拜訪的對象。曾經，塔庫里人和財富兩個字連在一起，不過，那已經是很久以前的事了。

冬天是最難挨的季節，勞里說。有好幾天雪會困住村民，讓他們躲在房子裡不敢出來，只能燒柴火取暖。他種的稻米不夠養活一家人，所以他們在村子上方的馬路旁搭了一座棚子，想說賣點東西。裡面囤放的貨物不外就是牙刷和罐裝飲料之類的。此外，他們還有一頭牛。

我有點替這家人擔心。他們的女兒要是跟異族通婚的話，可能會嫁得很遠，他們的兒子看起來病懨懨的。然而，不是所有人都那麼窮。「在我們這裡，有人娶兩個老婆，甚至更多。」勞里說：「他們的第一次婚姻可能是父母親安排的，第二次就是自己戀愛的，所以他們得同時照顧兩個家庭。像我哥就是個例子。他很快樂。」

猜測他之所以那麼窮的理由，我試探性地問了個問題：「那你呢？你也有其他的老婆？」

「不，我這輩子只會有這一個。」

我輕聲地問：「你們是戀愛結婚的嗎？」

她碰了碰他的肩膀。他倆有時會相視而笑。

「不，我們是媒妁之言。」

她美得驚人。食物不足讓她比五個小孩更加纖細，儘管雙頰和額頭有許多坑洞和傷疤，仍不減她五官的細緻和秀麗。每次只要她婆婆一靠近，我就會在她臉上看到驚恐之色。恐怖的是她們還有相同的髗面結構，只是那老婦的皮膚又乾又皺，嘴巴鬆垮垮的。兩個女人都有一口漂亮、整齊的牙齒，年長那位的珠寶首飾不斷地在年輕那位的喉嚨、臉龐間輝映閃耀，發出輕脆的聲響。相形之下，做媳婦的身上唯一的首飾就只有天青色項圈和深紅珠子串成的珠鍊（那珊瑚項鍊不時從破洋裝的裂縫處綻放出光芒）。我猜想，那些肯定都是婆婆不要才送給她的。

此刻做媳婦的正快活地把剛煮好的米飯盛出來，她的女兒在一旁七嘴八舌的，年紀最大的那個（有著同樣令人難忘的秀麗臉龐）則站在她的身後幫忙，至於那位老婦人則滿嘴碎碎念、說著粗話，讓人家都不好意思看她了。

稍後我走到屋外，站在澄淨的夜空下。天氣還挺暖和的。今年的雨季來得比較晚，連加德滿都都尚未受到侵襲，更別說這裡了。在勞里家用枯樹枝圍起的籬笆裡面，他們家的母牛就睡在那裡，緊鄰著懸崖。懸崖邊有一座塗抹白色灰泥的塔樓，上頭鑿了幾個洞以擺放祭品，還插了支生鏽的三叉戟——看來這是他家的神壇了。其唯一可觀之處就是壁龕外面擺放的幾塊當地產的大理石。在星光的照耀下，它看上去就像是蒼白的鴿舍。

在這裡誰還敬神、拜神？我心想。不過，當我問勞里這個問題時，他態度曖昧地低下了頭，不知該怎麼回答。他們族人拜的印度廟已經跟其他廟混在一起，逐漸失去了影響力。他吞吞吐吐地說出「Masto」這個字，一位古代法力強大的神或是神的家族。Masto，無法清楚定位，也沒有圖像刻畫祂，不過，有時祂會透過靈媒跳舞或是說話。

「一年有三次，我們家人會聚集在神壇前舉行儀式。」勞里說：「通常是在滿月的時候，我的父親會帶領大家祭拜。」

他的父親坐在星空下良久，直到我們進屋了，他都沒動。至於他的母親跟孩子們睡在我們隔壁的房間，他和他的太太則睡在再過去一點的儲藏室。地上鋪了塊髒布，我們三個並排躺下，艾斯沃忍不住抱怨了起來。天花板上，棲居在橫梁和腐朽木板間的蟬聒噪了一整夜。之前因為大家都還在走動的關係，所以並沒有發現牠的叫聲竟然如此高亢。我躺著傾聽屋簷下燕子的呢喃聲、狗兒的吠叫聲。隔壁房裡有個孩子不停地哭鬧，老婦人的乾嘔聲和吐痰聲也持續了好幾個小時。大概有兩、三次吧？她就像陣旋風似的，在我們房裡衝進衝出，一頭散髮像可怕的黑色洪潮般。當她拎著光溜溜的小孩衝向茅房時，星光從被打開的門縫間淌了進來。他們安靜地返回，然後平靜持續了一、兩個小時。蟬不再放聲高歌，震耳欲聾的打呼聲也停了。

然後，彷彿某個一直沒被聽到的呼吸聲，偉大河流發出的訊號逐漸清晰了起來。

第二章

我在烏雲密布的早晨醒來，東邊的山上透著灰黃的天光。勞里的孩子聚在一起看我們打包我們的寶物：指南針、真空管手電筒以及微型望遠鏡。我們在屋頂吃煮好的粥當早餐，看著整個村莊在腳下動了起來。河岸的岩石間，一群禿鷹正跳上跳下，圍著一頭死掉的水牛搶食。然後，我們的麻煩來了。我們的馬夫打了退堂鼓。他的母馬瘸了——他說。還記得前天那個溫暖的傍晚，有個村民自告奮勇地說要帶他的馬加入我們，可現在他害怕了。他說他的心臟不夠強，而我們要去的地方太高了。

於是，艾斯沃和瑞姆的負擔變成了兩倍，他們得各自扛起超過一百磅的裝備，並期望能在前面找到一頭能幫忙馱行李的牲畜。一整個早上我們走的路徑還算輕鬆。在我們身後，圖林已經看不見了，不過，閃耀在河堤上的翠綠稻田綿延了有一英里遠，至於山坡上的黃色梯田，栽種的青稞和蕎麥就快可以收割了。慢慢地路變窄了，高大的雲杉、楓樹和扁柏簇擁的濃密森林把河道擋住了。前方山上，雲走得特別快。它一會兒從山的裂縫中鑽出，一會兒又在山的峰頂攪動翻騰。不過，我們一路走來都有太陽，也沒爬到什麼坡。單薄的岩薔薇和低矮的攀藤植物長滿路的兩旁，成群的蝴蝶翩翩飛舞，就像五彩紙花灑在石頭上。

慢慢地我們轉往西北，進入海拔三．五英里（五千六百公尺）、一路往西藏傾斜的納拉甘加爾峰群（**Nala Kankar Himal**）。時至中午，五月的太陽著實熱得嚇人。艾斯沃身穿短褲，束著髮帶，輕鬆地扛著裝備。他修長又結實的小腿套在寬鬆、大一號的靴子裡。偶爾，當土石坍方擋住去路時，他會想說自己是不是走錯路了。連年的暴雨，使得土壤流失得很嚴重，我們發現自己腳下正踩著一顆顆五顏六色的石頭，有大理石紋的、血紅色的，還有水晶灰的，全是從山壁上被沖刷下來的。在遠處更為陡峭的對岸，瀑布往下奔竄，足足有三百英尺的落差，它先是隱身在翠綠的峽谷裡，接著又以一道道白色光束的樣貌重新出現。

至於卡納利河本身（我們正一步步地接近它），不再是一疋被禁錮的白練，它變得原始而凶猛。強勁的水流不斷地翻攪、撞擊半隱沒在水裡的巨石，在其旁逡巡徘徊，激起無數的漩渦和浪花——瞬間揚起的深綠色浪花不一會兒就化為碎掉的白沫。根據當地的說法，散落在河裡的石頭是來自恆河卻無法再往上奮游的銀魚化成的。在這裡，卡納利河顯得沒有那麼神聖，它比較淳樸、原始。可一旦發現它的源頭靠近神聖的岡仁波齊峰下湖泊，它的下游將會湧入大批的信徒，當然，泥沙淤積和污染也將蜂擁而至，就像在恆河平原上所發生的一樣。

走在杏樹和胡桃樹下，我們穿過最後一個寧靜的塔庫里村落，行經貧瘠的水稻田旁。路上我們遇到了不少商旅，發現塔庫里人都會讓路給生得矮壯的菩提亞人（Bhotia）。在絨球毛線帽底下的是寬大扁平的臉孔，偏蒙古人種：有著高亮顴骨的健壯漢子背著裝貨的木筐，手裡牽著馱負柴火和飼料的馬匹。他們有些人來自西藏邊境，趕著一整隊滿載中國布疋和菸草的水牛和騾子。

幾世紀以來，尼泊爾一直是西藏對外聯絡的重要管道，兩地之間的貿易可追溯至史前時代。在這裡，尼泊爾的西邊，藏族拿他們的鹽和羊毛交換平地生產的穀物，即使到了二十世紀初，許多商路慢慢移往英屬印度，這條穿越喜馬拉雅山的運輸路徑依舊保留了下來。

就在剛剛的幾小時之內，我們通過印度外緣的勢力範圍，進入另一個世界。本來土生土長的菩提亞人就是藏傳佛教的信徒，而此刻我們正接觸某個比印度教更古老、更神祕的信仰。標示山口所在位置的小石堆上，插著掛滿經幡的旗竿。是誰在這狹窄的甬道上把它們掛上去的？我不知道。不過，當風吹過山口時，褪色布條上的經文也隨之舞動。人們相信，隨著每次經幡的飄動，風將把他們的祈禱傳送給全世界，讓受苦的生靈得到撫慰，讓反覆無常的山神感到喜悅。

我小心翼翼地碰觸經幡，雖然我看不懂上面的藏文。我曾在中國還有藏族流亡的地區看過它們，每次都大惑不解。經幡呈現五種耀眼的顏色，分別代表空氣、泥土、火、水和天空。就像旋轉於聖地或朝聖者手中的轉經筒一般，它們透過文字的神奇力量來救贖整個世界。有些經幡柱就位在寺廟的旁邊，甚至是用流動的水來轉動的。大部分上面都印著風馬圖案，背負寶物的風馬馱著經咒飛行；有些則印有蓮花生大士的畫像，是祂把佛教帶入了西藏。艾斯沃虔誠地繞著經幡柱而行，順時鐘方向。我開心地跟在他後面，因為他的信任。有時候，那些旗子是那麼地薄，薄到上面的經文就像是半透明的蜘蛛網。不過，艾斯沃說這沒有關係，因為空氣中早已印滿他們的祈禱文。

突然間下起雨來。我們本來不打算理會，但腳下的路卻愈來愈難走，有時它一路蜿蜒往上，垂直於河面足足有三百英尺。終於艾斯沃停下腳步，不是為了等我，而是為了把他負著重物的背靠在石頭上，稍微休息一下。我們穿上雨衣，繼續走下去。此時，水圍繞在我們的四面八方。它奔騰地流過下面的河谷，漫過每塊石頭的表面，自天空滂沱而下。我抬頭迎向雨水，希望這預告著雨季終於到來。

在我們上方兩、三百英尺處，瀑布沿著峭壁宣洩而下，沖刷過巨大的羊齒植物和竹林，直奔至我們腳邊。在這裡，卡納利河從峭壁的中間擠過，硬是切出一條窄路來。我們頭暈目眩地俯瞰腳下的河水衝進峽谷中的每個裂縫和坑洞。再過去，地形顯得更加荒涼、險峻。我們腳下的碎石路崎嶇蜿蜒了數英里遠。偶爾，當雨稍停的時候，我們會看到南邊海拔兩萬三千英尺（約七千公尺）的賽帕爾峰群（Saipal Himal）的積雪。途中，我們唯一遇到的人是個爽朗活潑、拿著陶製菸管猛抽大麻的菩提亞女人。

一個小時後，就著微弱的光線，我們在一塊突出的岩石旁稍作休息。夜晚即將來臨。我們啃著乳酪和餅乾，艾斯沃則打起了瞌睡。閒來無事，我把地圖攤在地面上，試圖定位我們所在的位置：德拉敦……勒克瑙……北面的拉達克……拉薩……德里……突然間，我的心跳了一下，就在印度的邊界上，我瞥到某個名字：奈尼塔（Naini Tal）！我感到無比興奮又有點傷感，有時，我會幻想它到底在哪裡。

八十年前，我的父親曾在印度服役，而奈尼塔這個名字挾著無盡的浪漫，穿越我的童年。不敢置信地，我再度丈量起地圖上的距離。看樣子，它距離我現在所坐的地方只有一個巴掌寬（或一百四十英里，以直線距離計算）。奈尼塔、比姆塔爾（Bhim Tal）、昌達（Chanda），在我父母家的飯廳，這幾個名字就刻在豹頭或鹿頭標本下的盾牌徽章上。奈尼塔是個避暑聖地，我父親曾在那裡獵到巨大的獵物。

我躺在岩石間，懷想另一個年代的事。母親過世後，我在舊相簿裡發現了父親珍藏的狩獵紀錄。在我的印象中，這類古老相簿所述說的故事不外是，年輕的菜鳥軍官頭戴圓形遮陽帽、身穿及膝短褲，挺進中部省份的叢林或是開心地騎著恩菲爾德（Enfield）機車；而軍官的太太和女兒則是一頭鬈髮配上鐘形女帽，場景不外是打打野豬或有計畫的圍獵。

不過，我父親的shikar*可是大不相同。大半時間他是孤獨的，只有他自己。早在一九二五年，才二十一歲的年紀，他就已經獨自一人深入叢林。有關打獵的過程，他全用沾白色墨水的筆寫在相簿的黑色扉頁裡，詳細、準確得就好像在打仗一樣。那手繪的地圖（指出哪裡有老虎、印度羚或鬣鹿）是如此精緻、美麗，而他所提出的觀點，有時甚至比維多利亞時代的探險家還科學、嚴謹。這讓我了解到，他那軍人的特質就是這樣養成的。

在瀏覽這些紀錄的過程中，我同時也感覺到獵人和獵物之間那不可思議的緊密連結，尤其是對那些大貓——他稱從他手裡逃脫的老虎為「有條紋的老傢伙」，而被他殺死的美洲豹則是「有斑點的老傢伙」。融合運動家的精神和操守（不濫殺、不虐殺），我看到了他所嚮往的自然科學家的迷人風采。他對他殺死的動物付出了無微不至的關心：牠們走路的樣子，牠們的聲音。水鹿呦呦的鳴叫聲，老虎恐怖的嘶吼聲，這些聲音躍然紙上，不只是因為它們對狩獵者有特殊的意義，也因為它們本身獨特的魅力。

我父親生長在另一個年代。當時印度的獵物還很豐富，獵殺牠們是被允許的。那些被他打死的野豬和野鹿就直接在營火旁烤來吃，而美洲豹則會危害村裡的牲畜甚至是小孩。然而有時候我還是不太懂。我看著照片裡的年輕人——我父親，不苟言笑地在他的獵物旁擺出姿勢。一頭巨大的黑熊就像隻絨毛玩

* 印度英語，打獵。

具，四肢伸直地躺在他的面前；場景轉換，他蹲在七英尺長的美洲豹的屍體前，或是坐在死掉野牛的後腿上，他的溫徹斯特連發步槍抵著膝蓋。不過，這些都只是他的獵物追蹤者幫他拍的黑白快照，而他的臉看起來不如我記憶中堅毅，使得我幾乎不認得他。

在那個年代，殺生不是比較容易嗎？曾經，在獵殺一隻豹的時候，他寫道：「一頭壯碩的公熊穿過叢林從後方走來，站在一塊石頭上，四腳著地，對著空氣嗅了半天。牠就這麼無聲無息地出現，毫無預警。事情總是這樣。終於牠有所行動，往前跨一小步，往回急衝，眼看就要衝向我所藏身的大樹。這迫使我迅速地開了一槍，子彈打中牠的側腹，那可憐的生物發出如人類小孩般的啜泣聲。我又補了兩槍，盡快結束牠的痛苦。」

小時候我最喜歡躺在那隻熊身上（當時牠已經變成一張地毯，連頭都完整保留了下來），拿自己的臉貼著牠的臉。

對我父親而言，奈尼塔附近的地形十分險峻，它的東邊是尚未併入卡納利河的幾條恆河小支流——現在我躺臥在陽光下的地方。他形容它為「樹海起伏的叢林」，而就是在那濃密的松樹林裡，他獵捕到六十年來在我家飯廳牆上呲牙裂嘴的巨大美洲豹。他寫說，他唯一的遺憾，就是沒讓我母親親眼目睹那場獵殺——當時他已結婚三年。就在一個月前，他在海得拉巴（Hyderabad）附近射殺了一頭美洲豹，我媽伊芙琳就陪他蹲在黑夜裡。他簡潔地寫道：「我射中牠的脖子。雖然地上滿是落葉，卻沒有發出半點聲響。令人血脈賁張的夜晚。」

其實私底下她蠻厭惡的。動物一向與她親近，就連結婚那天，她都堅持要牽著大麥町走紅毯。在印度，她很開心能四處探險，卻不喜歡獵殺。有時候，她甚至希望丈夫的子彈可以射偏，雖然這樣在情感上好像背叛了他。這些他從不知道。

回到英國後，我們家低矮的都鐸式牆面上釘滿了野生動物的標本，這讓還是小男孩的我興奮到頭都暈了。五隻豹和兩頭熊，不是在牆上張大了口就是攤平在地板上。有著三英尺長巨角的雄斑鹿頭掛在樓梯口，後面的洗手間則可看到呲牙裂嘴的狼。至於二樓的走道上，四角羚和印度瞪羚的溫柔注視總讓老姊卡羅深陷其中無法自拔。這裡面最龐大的，是一顆掛在壁爐上的野牛頭顱。我父親冒了點風險才解決牠，全憑一顆狠狠貫穿腦袋的子彈。「一頭非常漂亮的老公牛，十七歲大。」他記錄道：「雖然角磨損得十分嚴重，牙也幾乎掉光了。我先用刺藤蓋住牠，這才愉快地哼著歌走回營地。」即便在死後，那巨大的野獸還威脅著要搗毀我家的牆壁，所以牠就被放逐到車庫去了。幾年後，有人從那裡偷走了牠。

不過，我猜我父親並不是天生的獵人。有一、兩次，他只顧著欣賞動物優雅地走來走去卻不開槍，連他自己也解釋不通。邁入中年，即使住在索塞克斯（Sussex）的鄉間，他也幾乎不再打獵。他變得喜歡在樹林裡散步，追蹤、觀賞各種鳥類的叫聲和飛行。他會興奮地跑回來跟我們報告說，他在黃昏的田野裡看到一隻閃閃發光的雄雉雞，或是沙錐鳥鋸齒狀的飛行軌跡。那些保存在牆壁上的印度戰利品，我媽很少去照料它們，不過，她比我更了解它們對我父親的意義，從未表現出排斥和不安，所以看在已經成人的我的眼裡，這算是她送給我父親的祕密禮物吧？

我父親對它們的態度則是不驕矜、不做作。記得他曾經說過，比起被送進屠宰場，同樣也是失去性命，公正的打獵對動物而言算是好事一樁。在他的日誌裡，他寫道：叢林教給他三件事，耐心、毅力和自我解嘲。總有一天會用到它們。

印度的山巒在接近尼泊爾邊境時變得陡峭，人也不一樣了。出現在我父親拍的快照裡，那些留著捲曲八字鬍、臉色紅潤的獵物追蹤者和驅趕者，如今換成了蒼白的修路工人。

黃昏時分，艾斯沃和我進入克米（Kermi）村落，一群長相與藏族無異的年輕人，以及一群臉孔扁平、頭髮中分、梳著油亮髮辮的婦女先後追趕過我們。我原本以為當地的菩提亞人階級低且被孤立，比塔庫里人還貧窮，不過，看來是我誤會了。整個村莊看起來很和諧，石屋堅固地建在山坡上。牆上的毛派標語已經模糊，出來迎接我們的男人顯得機靈且滑頭。住在下游的塔庫里人，礙於階級身分始終放不下身段，倒是一直被瞧不起的菩提亞人被迫積極向外經商，反而過得比較好。艾斯沃是這麼告訴我的。

令我驚訝的是，靠近這個村落有一條小溪，裡面的水竟然是熱的，不僅如此，上方的溪谷還冒出陣陣的藍煙。好奇地，我們溯溪而上，很快就聞到一股濃重的硫磺味從被染成綠色的石塊中竄了出來。有個年輕女人正在這奇怪的河裡洗澡，胸部以上全裸，她大方地轉身看向我們。我們來到一處空地，那裡的水熱到會燙人。空地上堆著支離破碎的床架，河岸旁則散落著腐朽、被煙燻黃的草蓆。一位農夫告訴我們，每年的一月，村民會離開家，睡在這煙霧蒸騰的河上幾個晚上（他們說這樣有助於身體健康好過冬），早上再浸泡在冰冷的溪水裡。

我們選在一英里外的地方紮營。瑞姆，我的廚子已經先過去，幫我搭好了帳篷。這樣的模式將重複好幾個夜晚。瑞姆有著登山者的鐵肺，每天早上才出發沒多久就不見了人影，直到傍晚我們才會在一處平坦的營地前重新看到他。那時我們的帳篷已經搭好，簡單的晚餐也煮好了。今晚也是。他找到一名塔庫里馬夫願意陪我們走到邊界。這名馬夫名叫達布，毛髮濃密、沉默寡言，一雙眼睛死命地盯著我看。我們在一間頹圮的石屋裡一起用餐，他們的睡袋就鋪在一堆鋁製水壺和鍋子之間。艾斯沃在石牆的縫隙裡點了蠟燭，瑞姆則忙著用標有「Quality 3」的老舊瓦斯爐煮麵和加熱鮪魚罐頭。

太陽下山後氣溫驟降，一陣風吹進少了窗扉的窗框，蠟燭一根根地熄滅了。然而我們的情緒卻很高昂，大家都很喜歡達布帶來的灰色種馬，此刻牠正在啃嚼外頭的野草。

和我父親一樣，我很享受這種孤獨，呼吸清新的空氣，聆聽底下潺潺的流水聲。艾斯沃和瑞姆，這兩個大蒙人嘰嘰喳喳地說著我聽不懂的尼泊爾話，而達布則蹲在陰暗的角落，不發一語地望著我。隨著燭光搖曳，他們的臉也變得模糊不清。終於我站起身來，走向屋外自己的帳篷。在帳篷裡，我整理了一下背包，並試圖就著手電筒的燈光寫字。之後，我鑽進睡袋裡，盡量不去想背脊下的石頭，很快就睡著了。

幾小時之後，我被鼻子噴氣聲還有隔著帆布不斷頂我頭的推力給吵醒。我掙扎地爬出睡袋，昏昏沉沉地拉開帳篷的拉鍊，突然間，耳朵上綁著紅纓的大頭懸在我的面前。某人的犛牛趁著星夜從克米村子裡跑了出來，走失了。

第三章

半夜的一場雨洗淨了大地，淅瀝瀝的陣雨從村子的東邊開始下起，一直下到天亮才結束。下方的步道傳來商旅的吆喝和口哨聲，他們正趕著馱貨的馬匹往錫米科特而去。

我從帳篷裡鑽了出來，仰望著碧藍如洗的天空。風已經停了，鳥兒在灌木叢裡唱歌。前方，河流蜿蜒於重重疊疊的山脊之間，水氣讓落葉林蓊鬱的山溝顯得一片霧濛濛。那水聲聽起來就像是人的竊竊私語聲，幾棵松樹疏落地圍繞著山頭。順著河的流向看去，最遠的地平線（距離天上的卷雲非常遠）是一堵高高聳起、閃耀著雪光的白牆，那是我們渴望造訪的地方。

太陽升起時，瑞姆和艾斯沃輪流蹲在我的帳篷門前，替我送來溫咖啡、洗臉水，還有作為早餐的印度薄餅加果醬。他們先將我服侍好了，才用冰冷的溪水盥洗。半小時之後，帳篷、地墊還有燒焦的鍋具已經紮好綁在馬背上，我們迎著晨曦出發。

這是旅途中最快樂的時光。你想像自己正走向未經開發的處女地，沒有跡象顯示這裡曾經有人住過。你的腳步輕盈。森林裡傳來鳥兒啁啾的叫聲，腳下看不到的地方，河水正奔騰地流過綠色的峽谷。也許得花上一個小時的時間，你的身體和心靈才能適應。你好像做夢一般地走著。野鴿子在下方岩壁的縫隙間穿梭，太陽暖暖地在你背後升起。

這裡的地層看起來很薄，不過，山谷那邊已不見尖削的岩石，取而代之的是巨大的樹木。冷杉、百英尺高的喬松下是扁柏和白楊木，它們垂直、密集地往上生長，而披垂的雲杉則盤踞半山腰。很快地我們進入這片森林，走在樹蔭底下。當我們好不容易爬到一萬英尺高的時候，周圍的高原突然暗了下來，成群烏鴉嘎嘎地叫著從松樹的頂端飛出，我們穩穩地踩在淺灰色的鵝卵石上。一名面帶微笑的女人與我們擦身而過，身旁跟著一名年輕人。她很可愛，一副天真爛漫，耳朵掛著金飾。我們還來不及跟他們說話，他們就走掉了。周遭的松樹好像生病了。它們仍直挺挺地站著，只是身上沒有半片葉子，焦黑、光禿禿的樹幹就像是廢棄的圖騰柱。附近有一個小村子，種著蕎麥和馬鈴薯的梯田往河的方向逐漸傾斜。當地人會砍松樹去賣，這讓我很憂心這片幾乎完好的原始森林。

我們入山的過程，就好像是沿著刀子的鋸齒在走。可能一個小小的地震，就足以讓我們粉身碎骨。我們並沒有繼續往上爬，而是走到更裡面。每次只要峽谷的岩壁崩落，前方為冰雪所覆蓋的銀白峰頂，以及被融雪鑿蝕的鋒利峭壁附近，就會泛起粉撲狀的雲。這樣的風景使人昏昏欲睡，尤其當我們來到峽谷的裂口。我原以為此地的護欄會有個破洞什麼的，好讓我們可以直接進入西藏。然而，護欄隨著蜿蜒的河道密密實實地築起，就像是緊掩的舞台帷幕。彷佛冥冥中早已注定，要讓西藏成為難以親近的世外桃源。

我知道，自己正隨著這樣的神話旅行。它萌芽於我小時候和青少年時期的閱讀。我所認識的西藏，擁有已經在世界其他地方失傳的古老學問，是由不斷轉世的活佛統治的地方。它被阻隔在重重高山之外，坐落於純淨的寒冷高原上，過著與世無爭的生活。替這片土地擋掉入侵者的不是人為的藩籬，而是神祕的禁忌。因此，在人們心中，它不是一個國家，而是一片淨土，那上面有失落的古老記憶，倖存的純真年代。也許，它還握著通往來世的鑰匙。

這些想法的產生其實很複雜。早期一小撮曾到西藏旅遊的歐洲人帶回來正反兩極的說法，他們說西藏很淳樸卻很髒亂，又說統治它的高僧既殘暴又慈祥，道德規範令人疑惑地與懶散還有迷信和平共處。由於中國的仇外心理和尼泊爾的鎖國政策，藏傳佛教一直到十九世紀初都還受到隔離。歐洲人想要接近它，只能靠欺騙，通常得喬裝打扮換個身分。那少數能夠進去的人，透過維多利亞時代的觀點，把西藏形容為一個原始、落後的國家，裡面的人鎮日沉迷於巫術和性愛（這裡盛行一夫多妻制）。他們是如此地封閉，只允許朝聖者的馬車進入。

然而，進入十九世紀末，當西方學術和比較開放的西藏產生拉扯時，人們亦展開心靈的追求。情況變得很詭異。聲名狼藉的布拉瓦茲基夫人（Madame Blavatsky）身為通神論協會（Theosophical Society）的創立者，她宣稱，消失的帝國亞特蘭提斯統治著西藏——事後證實，兩者根本沒有任何關聯。不久，西藏被傳成了超能力者的實驗室，在這裡超能力被當成科學在研究。西藏的僧侶擅長讀心術還有用聲波發功，光出聲就可以移動石頭。西藏的瑜珈師可以自由飄浮在空中。西藏的神像會說話。所謂的 lump-pa——「神行師」，冥想到一個境界後，可以像鬼魅一樣在岩壁上游走，來無影去無蹤。而且在這片土地上，到處藏著寫有神聖預言的經書。幾世紀前的高僧埋下了它，一直要等到時機成熟了才會出土。這個國度的神祕性甚至影響了魯迪亞・吉卜林（Joseph

Rudyard Kipling）的小說《吉姆》（*Kim*）；而當柯南・道爾（Conan Doyle）應大眾要求要讓福爾摩斯復活時，他也選擇了西藏作為福爾摩斯暫時卻有信服力的隱居地。

在人們的幻想中，西藏是個神聖的避難所，一直到二十世紀都是如此，不曾改變過。這裡的宗教（俗稱喇嘛教），維多利亞時代的人視之為正宗佛教的遠親，是一種墮落的偏差。可曾幾何時，它竟一夕成為高度理性的成熟信仰，它的經典也因為西藏的孤立而完整保留了下來。這神奇保留下來的過去對所謂的西藏神話非常重要。是它，讓西藏充滿了朦朧的美感，時間在這裡彷彿靜止了。旅行者感到自己又回到了小時候，重拾天真爛漫；有些人把西藏之旅比喻為到陰間遊歷，因為山上那一層又一層的關卡；而《西藏度亡經》（*The Tibetan Book of the Dead*）被翻譯成各種版本，廣為盛行，更對我個人的旅程展現了它的不可思議。

經歷兩次世界大戰後，人們對西方徹底地失望，卻也讓最後一點對西藏的苛責逐漸淡化。西藏成了人們心中的淨土。詹姆斯・希爾頓（James Hilton）在其一九三三年出版的小說《消失的地平線》（*Lost Horizon*）中，打造了一個虛構的烏托邦，說世界自我毀滅之後裡面的先知會拯救全世界，這使得「香格里拉」成了風行一時的新名詞。是的，對太平盛世、世外桃源的渴望緊緊纏附著這個國家，可同時它也籠罩在一旦對外界曝光就會崩解的脆弱陰影下。

當然，這些全是人們對早期西藏抱持的不實幻想。其實，這個國家是在暴力中誕生的（其統治者幾乎都很年輕就死掉），幾世紀以來，它不斷對內或對外發動侵略戰爭。在這片酷寒的土地上，人們深受疾病和地震所苦，在他們有生的記憶裡，所謂的工作就是受雇於苛薄無情的僧侶，服侍他們。至於那些觀光客眼中彬彬有禮、樂天知命的虔誠佛教徒，則要忍受心魔和饑餓的折磨。就連那些前往岡仁波齊峰朝聖的人有時也會窮到去搶劫路人的財物，即使他們知道一旦被抓，將難逃公開的審判。

一直到一九五九年中共占領了西藏，這些神話才終於粉碎。在達賴喇嘛帶著許多高僧逃往印度和海外之後，西藏（一直在西方人心目中保有崇高、聖潔的地位）成了失火的天堂，先是經歷中共的殘忍鎮壓，然後是被迫掀起她神祕的面紗。隨著她那流離失所的佛教裸裎在西方面前（不管是以信仰、心靈療法或是新興宗教的形式），西藏這個國家本身卻消失了。流亡的藏人回顧這片土地（如果他們還記得的話），看到的是破碎幻滅的影像。

這個國家因為他們不在了才變得友善、單純。牧草長得更綠了，女人變得更美了。這是一片令人嚮往的土地。

三個禮拜之前，它變成寧靜祥和的壁畫，出現在我投宿的加德滿都飯店，畫中身穿皮革和五顏六色服裝的牧羊人吟唱著田園詩。

飯店主人是個流亡藏人，生意做得很成功。這家飯店的櫃檯上面掛著達賴喇嘛的畫像，走廊則有一整排拉薩一九三七年的照片。我問櫃檯人員（他的頭髮已經花白），他是否曾經回去過？回去？他說，他從未回去過。他的父母是在一九五九年逃出來的，而他就在流亡區出生。「我只要回去，就會有麻煩上身。你沒有關係，因為那不是你的國家。可邊界警察一看到我們的臉，就知道我們是流亡藏人。」

我悶悶不樂地欣賞著四周塗滿金漆的梁柱，宛如美麗童話的壁畫。它們一點都不寫實——那片土地因為流亡者的缺席而改變了，變到連他們自己都回不去了。世上根本不存在著這樣的地方。畫裡，綿羊在豔陽下吃草，牧羊人在帳篷旁喝酥油茶，老人彈奏著長柄胡琴，年輕人側耳聆聽。在他們身後，雲霧繚繞的寺院沉睡在遠山之間。而最遠處，岡仁波齊峰呈現出它最完美的剖面，就像是一只雞蛋放在由山圍起的杯子裡，山裡面穴居的修行者散發出智慧之光，並以祈禱加持著這片土地。

我再度揣想，自己要去的是什麼地方。這畫裡的山曾經是天堂的化身，如今卻顯得死寂。然而，對信徒來說，俗世的岡仁波齊峰是黑暗通往光明的階梯（它的底座連著地獄），是具有救贖力量的場所。它能煽動現實的世界，也難怪中共會這麼怕它。它比他們還要古老。

我們來到某個很高的山口。艾斯沃超越我，正靠在一棵樹上休息，他的背包扔在地上。克米前往揚格（Yangar）的路程我們已經走了一半，太陽卻依舊高掛在天上。就在我們把溪谷拋在身後，離山頂尚有幾碼的地方，突然出現一堵由石塊堆積成的矮牆。

「繞著它走！」艾斯沃順時鐘方向揮舞著手臂。

我原以為它不過就是路邊清出的石堆，仔細一瞧，才發現裡面的石塊堆疊得十分整齊。它們有些是淺灰的花崗石，有些則是穿孔的大理石，有些還透著蜂蜜和鐵鏽的顏色。每顆石頭上都刻了祈禱文，不管它們的表面有多堅硬。這裡的石頭少說也有幾百顆吧？上面的文字已經模糊，就像佚失的語言。其筆劃是如此優美，有些還會順著石頭的曲線和紋路而走。許多石頭（最漂亮的石頭）毫無雕飾，卻使得上面的文字更加醒目，彷彿那些字是從石頭的中心透出來的，是石頭自己在說話。艾斯沃對著它們看了又看，卻翻譯不出來。「這是僧侶使用的語言。」他說。

我認出其中一句是佛教的六字真言：唵嘛呢叭咪吽，虔誠的藏民無時無刻不念誦它。這句對觀世音菩薩的禱告：「噢，祢持有珍寶（念珠）蓮花者！」已經被幾世紀以來的各派說法給淹沒了。有些石塊上的咒語比較長，卻也都是藏文。說不定一整本書就這樣抄寫在上面。還有些宣揚的是佛陀對空的教誨，所以這個也出現了：諸事無常。

像我們這樣繞著石牆走，據說可以讓上面的咒語重新發揮作用。它們顯得特別動人，因為孤獨。幾百年以來，商人、朝聖者、僧侶把它們擺放在這裡，藉以安撫山裡的冤魂（山口通常都很危險），並傳達對外界的祝福。

當我們重新啟程往前方的村落邁進時，艾斯沃說那道牆正在我們的背後低語著。

我們往下走進高聳的樹林，發現賽爾考拉河（Salle Khola）在野生大麻林裡與卡納利河交會在一起。迎著傍晚的第一道微風，穿過重重樹影，我們打破了令人窒息的沉默。我們的靴子先是輾過一整片頁岩，接著又把柔軟的松針踩得沙沙作響。巨大的冷杉和松樹從多刺的橡樹和鐵杉中凌空拔起，雲杉的粉紅色毬果懸掛在一百英尺高的地方。艾斯沃嘴裡哼著加德滿都的流行歌曲，不過，因為他距離我太遠了，我聽不清楚他唱什麼，倒是啄木鳥突然響起的清脆鑽孔聲響遍了山谷。

我吃驚地停下腳步，試圖尋找啄木鳥的芳蹤，卻失敗了。這破壞寧靜的聲音彷彿是一種暗示，暗示我已經被跟蹤了。不久，啄木鳥的聲音不見了，取而代之的是自小聽慣了的布穀鳥的叫聲。出發之前我曾把喜馬拉雅山的鳥類圖鑑看了一遍，卻還是分辨不出現在叫的是一般的布穀，還是東方的杜鵑，因為筒鳥家族實在是太複雜了。書上說：「中杜鵑（The Oriental Cuckoo，學名 *Cuculus optatus*），屬於杜鵑科鳥類的一種……。有些作者稱北方中杜鵑（Horsfield's Cuckoo）為 optatus，稱中杜鵑為 saturatus；但也有人把中杜鵑叫做 optatus，把喜馬拉雅杜鵑（Himalayan Cuckoo）叫做 saturatus。」不過，不管是 optatus 還是 saturatus，聲音聽起來都像是咕咕鐘的叫聲，讓我佇足在樹底下良久，還是傻傻分不清楚。

除了鳥，這裡還有我熟悉的灌木。茉莉花、丁香、熱鬧的各種莢迷屬植物，兩天來沿路開滿了，此刻它們正在空地上舒展枝葉。有時我甚至會產生錯覺，以為自己正走進廢棄的英式庭園。全靠好幾代植物學家的努力，小心翼翼地把標本從喜馬拉雅運回歐洲，我們才得以認識它們。陽光照得白色透明的岩玫瑰和山坡上的金露梅（potentilla）一一綻放。我發現其中還有忍冬、含羞草和四照花，黃褐色的蛺蝶翩翩飛舞在枯萎的醉魚草上。

搖晃的錫橋橫跨在賽爾考拉河上，碧綠如卡納利河的河水正轟隆隆地沖入萬丈深淵（此時卡納利河聲音則已漸低沉、遠離）。就在前方幾百碼處，山突然騰空隆起。牧羊人把牲畜趕到巨石下休息，落單的農夫超越我們，懷裡揣著兩隻雞。

遙遠的河岸旁，樹木又聚攏了起來（落葉林和常綠林混在一起），放眼望去，啥都沒有，只有滔滔的河水和濃密的樹葉。突如其來的尖叫聲向我們示警，瞬間土石鬆動的轟隆聲響起。兩隻公羊正用角頂撞頭上的懸崖，把牠們的主人全嚇傻了。艾斯沃和我站在原地一動也不敢動。石頭不斷地砸下來，先是在步道上彈跳，最後才勢如破竹地滾進河裡。在我們頭上，粗魯的牧羊女一邊忙著往上爬，一邊咒罵她的牲畜和天殺的石頭。

兩個小時之後，天色暗了下來，我們沿著卡納利河漫步，穿越空曠、平坦的草原。河水變得十分湍急，就在我們抵達亰爾班（Yalbang）的時候。路上隨處可見馬糞還有被丟棄的馬具，而布穀鳥（saturatus或optatus）的咕咕聲也一路相隨沒停過。我們的馬夫達布早在這裡等候多時，此刻正盯著他的種馬珍珠在吃草。我們坐在岩石上用餐，這時我異想天開地問說：會不會有人願意收留我們？

艾斯沃用他的破英語，一臉嚴肅地告訴我說：「你會死在這裡（die here）。」我嚇了一跳，「死在這裡？誰要殺我？」

他咧嘴一笑，「不是『死在這裡』，是『拉肚子』（diarrhoea）。這裡的人很髒。」

達布也笑了，習慣性地。他的淡褐色眼睛在那黝黑的臉上閃閃發光。他和艾斯沃還有瑞姆說話會有代溝，不是因為階級（達布是塔庫里人），而是因為教育。生在這種鳥不生蛋的地方，他沒有上過一天學。此刻他正坐在另一顆石頭上觀察我，眼裡泛著疑惑。他總是最後吃，還不讓我們看見，不管我拿什麼給他，可能是一片蘋果或一塊點心，他都是既驚喜又難為情地伸出雙手接下。

眼下，艾斯沃正在河裡清洗他的長髮——他引以為傲的寶貝。洗完後，他坐回到我的身邊，看我整理相機裡的照片。畫面上，身材纖細的女人出現在義式庭園裡。

「那是誰？」他問。

「我的伴侶。」

他仔細地看了看，說了句：「她真美。」

她站在提維里瀑布（Tivoli waterfall）下，面帶微笑。離開她是件非常痛苦的事。在加德滿都，她的聲音透過電話傳給人在八千哩外的我。「不要想我，」寺院的電話讓她的聲音聽起來十分模糊。「想你身在何處。」

所以她原諒了旅人的殘忍，理解他想要拋開過去，奔向未來的心。

我問艾斯沃：「你可有女朋友？」

「不，我才不幹呢。在尼泊爾，只要你跟這些鄉下女孩上了床，」他比了比前方的樹林，「你就得在一年之內娶她們。可我要的是個受過教育的女人，何況我實在太窮了。你說我怎麼好要求人家等我十年。人家才不會相信我呢。她說你總有一天會走、會離開。大家都走了，拚命往沿海城市去。不過，在那裡的生活也不好過。我試過一次。跑去跟人家應徵保鏢，連約都簽了。不過我的父母反對，他們說你會丟掉小命。於是我就在這裡了，當一名嚮導。只是現在沒什麼生意，只有你。」

他說這話時在笑，也許是慶幸可以擺脫父母的控制吧？他說：「現在，在城市，我們也跟你們西方人一樣。男人都拖到三十五歲才結婚。我可以等。」

只是我懷疑，他怎麼可以等那麼久？真的都不需要女人嗎？

「噢，那不礙事。」他說。「我懂什麼叫愛……我懂得。」當他把濕漉漉的頭髮從前額撥開時，那平板的五官竟讓我不安地想到毛澤東。

「愛？」我問。「你怎麼會懂得？」

「我讀雜誌，也看電影。將來我會有兩個小孩，一個男生，一個女生。我會確保他們都受過教育。」他瞥了一眼達布，沒上過學的他正坐在石頭上，自顧自地傻笑。「這些事我全在書上讀過了。」

在我們前方，從頁爾班的山巒間突出一座聳入雲霄的白色尖塔。那是一座佛塔，豎立在山上的寺院旁，它的出現似乎預告著我們即將進入西藏的最後一小時路程。這時，一個男人從他紮營的山洞裡跑了出來，擋住我們的去路。他高舉起顫抖的雙手，說他頭痛欲裂，問我們是否有藥給他。可惜，達布已經帶著我們的行李走遠了，我們實在愛莫能助。我心懷愧疚地拋下他，想說下次至少要把阿斯匹靈帶在身邊。

不久後，河道在有石塔做地標的隆起下方轉了個彎，山谷中零星散布的頁爾班村落展開在眼前。兩個橘色的三角形點綴在岩石間，看樣子瑞姆已經幫我們搭好帳篷了。

第四章

黑色的烏鴉在營區裡覓食。黎明的天空一分為二。烏雲湧入我們下方的溪谷，模糊了山與山的界線，更讓五十英里外的處女峰（Sisne Himal）完全隱沒。然而，東北連接西藏的天空卻是一片蔚藍。就在我們上方，寺院傳來陣陣的祈禱聲，在它的後面，映著雪的地平線迎接第一道曙光。

附近布滿巨石的山坡上聚集了一堆孩子。他們的笑聲和尖叫聲從宛如迷宮的洞穴裡傳來，害我以為有一群小精靈在裡面搗蛋呢。只不過這些小精靈身上穿的卻是印有米老鼠圖案或「衝吧」、「流行時尚」等標語的連身褲裝。絨球帽下的小臉蛋紅通通的，頭髮嘛不是綁成辮子，就是留得像個馬桶蓋。他們看起來快樂極了。

我竟然在這鳥不生蛋的地方發現了一間學校，由於學校離家很遠，所以大部分學生都住校，一年有九個月的時間他們得睡大通鋪。這裡的校長是位溫文儒雅的菩提亞人，他驕傲地帶我參觀以泥土為地、石頭為牆的教室。直到三年前，這裡都還被毛派反叛軍占領著，他們動不動就跟政府軍打起來，害得孩子無法上學。如今學校的小禮堂同時也是一間佛寺，在那臨時搭建的祭壇上，校長從法力無邊、藏人最崇拜的蓮花生大士的畫像上取下一塊布。最後我們來到廚房的角落，坐在掛著風乾、還在滴血的犛牛腿下休息。一旁兩位打雜的藏人婦女在我們腳邊的爐子上煮東西。

我在想，這位說得一口流利英語的中年教師如何肯屈就在這裡？光從尼泊爾最貧窮地區的省會錫米科特走到這裡，就得花上三天的時間。然而，他只是一笑置之，說他就在胡姆拉省出生，對他而言，這樣的距離根本不算什麼。他跟他的族人擁有很好的肺活量，走到錫米科特只要一天，他的太太也只要兩天的時間。

「我曾經在加德滿都工作，那時的景氣比現在好。我開了間地毯工廠，用西藏的羊毛和西藏的織工。西藏的羊毛很漂亮，也很耐用，深受西方人的喜愛。只可惜後來毛派反叛軍來了，我得增加工錢。所有東西的成本都提高了，我的工廠被迫關門，所以我來到了這裡。」

生產小巧、鮮豔西藏地毯的紡織業，就我所知，之所以會沒落，有部分是因為西方人奇怪的品味，後來更因為全球經濟的不景氣而全軍覆沒。我在想，他是否曾雇用童工？他可能覺得這沒什麼。總之，最後那幾年，毛派反叛軍和貪腐的警察就像禿鷹一樣，把這些工廠吃乾抹淨。

「不過，在這裡也不賴。」他說：「這些孩子很窮，很需要我們。」教育對當地居民來說十分珍貴，因為五個人中只有一個識字。「冬天下大雪，我們就得停課，每個人都得回家。」

「那你家在哪裡？」

「我的家人分散在各地。我太太有時會過來陪我。我兒子是名僧侶，現在人在印度。」他繼續說下去，語氣透著一股莫名的驕傲：「我的女兒是名學生。」

「她在哪裡念書？」我猜她可能在錫米科特讀中學，頂多就是加德滿都吧？可他竟然回答我說：「她在阿拉巴馬讀大學。她拿到了獎學金。她說那是個可愛的地方，只是她找不到工作支付學費，而且學校的考試很難。」

所以她人在九千英里之外？他甚至供不起她？他很害怕，我感覺得出。他害怕女兒會被搶走，他將永遠失去她。難怪他看起來不太開心，當他在頹圮的土牢裡，頂著血淋淋的犛牛腿跟我說話時，她的女兒正在阿拉巴馬的女生聯誼會裡靜坐，煩惱她的成績。

他說：「她根本就沒有錢回家。」

一堵矮牆圍住了寺院。在頂端裝飾有法輪的大門底下，一名婦女帶著年幼的兒子正在旋轉巨大的經筒。只有在他使出吃奶的力氣幫母親推上一把的時候，那經筒才會咿咿呀呀地開始轉動，而他們的笑聲也隨之傳了開來。越過大門後，兩層樓高的廢棄拱廊或蓋到一半的房間圍起一座巨大的天井。坐落在中間的廟堂大得嚇人，跟這蠻荒之地實在不太相襯。那鮮豔的門廊、雙層的推窗，不是赭紅色就是鮮紅色，而屋頂的橘色鐵皮更像是幫古老的建築抹上了濃妝。可事實上，這間寺廟頂多只有二十五歲，是由流亡的藏人募款籌建的。

我在拱廊間閒晃，經過剝落的泥牆和破碎的窗戶。一陣冷風捲起，四周山上的樹彷彿要栽進牆裡來。低垂的電纜穿過天井，上面停著烏鴉，電纜把微弱的電力從上游輸送過來。我將臉貼近某扇骯髒的窗戶，看到了一張毛毯、一張破桌子，還有一個正好也抬頭看過來的小臉蛋。隔著窗戶，他對我咧齒而笑，看來我打擾某個小和尚做功課了。

此時，寺廟裡傳來陣陣低沉的誦經聲，感覺好像有個馬蜂窩被捅破了。穿過這些厚實的牆，它聽起來就像是宇宙的呢喃，節奏快而規律。幾百名僧侶正在那裡禱告。這間廟似乎建立在他們對祖國的悲傷回憶上。不管是白色灰泥內牆的斜面，還是顏色鮮麗的屋簷和窗櫺，或是突出於粉牆的橘色浮雕，都在呼喚著北方的祖國。

住持從經堂裡走了出來，整個人顯得比他的年紀三十歲還要老成持重。當我納悶在這偏遠的山區竟然有這麼一間寺廟時（共有一百五十名僧侶和見習生住在這裡），他告訴我一段非常驚人的歷史。大約在一百年前，他說，一名偉大的上師在岡仁波齊峰附近圓寂（他成就了「虹光身」〔rainbow body〕，化為純淨的光），一名信徒幫他在那裡蓋了間非常有名的廟。像這種色身溶化在虹光中、完全消失的例子，以前還蠻常見的，他說，喇嘛和苦行僧就這麼消失，只留下頭髮和指甲。後來那名信徒也死了，且在幾年後轉世為一名僧侶。這名僧侶在中共入侵西藏時逃了出來，就定居在我們現在站的位置幾哩外的地方。輪迴轉世的活佛（藏語稱為「祖古」〔tulku〕）至今仍很平常，得道升天的喇嘛自願重回人間，弘揚佛法。

我們爬上木造階梯，來到位於誦經堂上的房間，此時誦經堂正在舉行長壽法會，鑼鼓號角齊鳴。住持結結巴巴地說著這個故事的後續發展。令人憤慨的是，這名僧侶竟然結婚了，還做了密乘的瑜珈修行師。由於住持語帶保留，讓我不禁懷疑，那位轉世的祖古可能有點瘋狂。「他想要重新蓋一間寺廟，就像他在岡仁波齊峰附近的那間一樣，原來那間被中共摧毀了，可是他又窮又病，無法達成心願。不過，在他死前，留下了一幅曼陀羅（mandala），告訴人們新寺廟應該蓋在哪裡。就在現在的這個地方。」

我們來到一張年代看起來很久遠的大桌子前坐下。住持說：「於是他的兒子在一九八五年建造了這間寺廟，當時只有少數幾名僧侶。他兒子還活著，是我們當中最年長的。後來，活佛自己的孫子成了神的化身，他也在這裡，以僧侶的身分修行。」

我默默地聽著，被這種超自然的傳承搞得一頭霧水。（不久，我瞥見年老的創辦人莊嚴地走回自己的房間，在長壽法會之後。）住持向我細數這些輪迴轉世的故事，彷彿真有其事，彷彿天經地義。光他掌管的這間寺廟就有五位活佛，他說，他們分別轉世自不同的喇嘛上師。

我隔著深不見底的代溝看著他。他有一張圓臉，臉上洋溢著藏人特有的平靜和詳和，他的嘴唇微微掀起，就像在那些佛尊雕像上所見到的。這些活佛對他來說是啟蒙的導師，就像火苗從這根蠟燭過到那根蠟燭，心法也是由某個男人傳給另一個男人（他們幾乎都是男人）。雖然火苗的本質如何，精神、靈魂、記憶的延續與否無法保證，但身為這些東西的擁有者，活佛乃純淨無垢的使者和化身。

大概是察覺到我的不安吧（我不斷地變換坐姿），住持叫人幫我們送來了茶。他的年齡還不到我的一半，卻充滿了自信，還帶點神祕。誰叫我來自另一個文化？他一心追求靈魂的永恆，可我卻被個體的死亡給打敗了。你可以告訴我，靈魂是怎麼轉世的嗎？我問。

它們肯定擁有某些模糊的記憶，住持指出，因為活佛就是經由這種方式得到認證的。當某個小孩被發現有可能是活佛時，一群長老會用他以前用過的東西來測試他，如果他能認出那些是前世化身所有的話，就會受到認可。類似的方法在西藏已行之有年，最早可追溯至十二世紀，並在認證轉世的達賴喇嘛時達到顛峰。當然，認證的過程經常會有舞弊發生。不過，就拿現在來說好了，人們認為西藏的精神似乎就存在於這些神聖的親屬關係，佛對世人的愛因此而傳承了下來。好比這座寺廟，不就是奠基於記憶的偉大工程嗎？

「不過，我們的生活很困苦，」住持說：「有些僧侶待不下去。他們大多跑去加德滿都，或是投身在平地或印度的寺廟。又或者他們會結婚。」他遺憾卻客氣地加上一句：「西方世界對他們而言太有吸引力了。」就連他自己的手上——我注意到，除了念珠以外，不也戴著電子錶嗎？「所以我們的考驗一直在改變。幾年前，毛派反叛軍威脅這一整個區域。他們關閉了很多寺廟，並強迫僧侶下田耕作。他們甚至占領了我們兩個聚落。」

我很想知道發生了什麼事。這些寺廟根本就不堪一擊，如果它們不再像以前一樣懂得互相協防的話。

住持無奈地笑了笑。「兩名僧侶走上了完全不同的路子。一個跑了，逃去了印度。另一個被毛派叛軍給俘虜了，替他們在山嶺間偷偷傳遞消息。在毛派叛軍和政府講和之後，他回到自己的家鄉結婚了。我們再也沒看見他。」

婚姻會阻礙修行，基本上沒什麼好處。在以前的西藏，僧侶是養尊處優的知識分子，接受佃農還有游牧民族的供養。不過，在這裡，在印度人的土地上，他們的生活清苦到連被銅臭味污染的機會都沒有。他們是被排擠的、是孤獨的，但或許也是乾淨的。據住持說，他自己的祖父就曾在西藏當過喇嘛，後來卻還俗了也結婚了。「直到中共打來，我父親才從西藏老家逃了出來。」他停頓了一下。「你知道，去年中共殺死了我們很多人。我不恨中國人，但我恨他們的政策、他們的政府……」他低下頭。「教導我佛教經典還有我國歷史的人是我父親。我十一歲時就決定要出家了。」

「這麼年輕！」

不過，話說回來，這裡最年輕的小和尚也才九歲（不過有些都七十了），其青春期就像是定時炸彈準備要爆發。他繼續往下說：「不過，當我告訴我父母我要出家時，我母親竟然哭喊：『不！不！千萬別出家！你這輩子就只會坐在那裡讀書而已。』連我父親都說：『你現在會想去，可等你二十或二十五的時候，你就會後悔了；你會想要離開、結婚生子。』你看，我是家中的長子，長子意味著要養家、照顧父母。但我還是走了。」在我們底下的經堂，僧侶的誦經聲逐漸轉為輕柔。「現在我幫不了他們。我人在這裡，他們在遙遠的山腳下。」他拉了拉深紅色僧袍的衣襬兜上脖子。

我黯然地問：「他們怎麼生活？」

「他們的二兒子如今已經二十五歲，由他奉養他們。」

「他們會想回西藏嗎？」

「他們回不去了。」

他說，這個地區的人可以用貿易的名義，向中共申請出境一個禮拜，運氣好的話，說不定可以順便去岡仁波齊峰朝聖。不過，很少有人這麼做，出家人更是不敢這麼做。「只有像你這樣的外國人，才去得了岡仁波齊峰。」他說。

他從未去過。他說這話時倒是很平靜，不過，有些西方人去那裡的動機可是完全超乎他的想像。至於我的動機嘛，我不敢跟他說，因為它們還不夠成熟。它們屬於一個對他來說相對黑暗的世界，屬於西方人的自我和自戀，而不是他所懷抱的抽象慈悲。他津津樂道著岡仁波齊峰的好。要我珍惜這次的旅程，那是他一輩子都無法實現的夢想。

「你知道它是一座擁有偉大能量的山，去那裡旅行可以增添福報。佛陀經常帶著祂的追隨者遨遊其上，心靈寶藏的探索者在那裡冥想，他們成千上萬，所以山洞裡充滿了祝福。」有時候我真搞不懂他是個賢者，還是個孩子。他講的話經常被我們底下咚咚作響的鼓聲給蓋過。「人們在那裡轉山，好洗淨他們的罪過、十大惡行。當然啦，他們也可能是別有所求，比方說希望生意興隆，或是生太多女兒想要個兒子什麼的……」

過了一會兒，下方的喧鬧聲平息了，他站了起來，我們一起下樓走入誦經堂。僧侶各自穿著絳紅色或橘黃色的僧袍，廟裡很暗。

他帶著我在黑暗中摸索。低矮坐位（剛剛僧眾就坐在墊子鐘鼓之間念經）中間的走道通往土壇上的彩繪供品架。供品架分作好幾層，是很漂亮的手工藝品，上面擺了：生麵糰、石蠟、搖曳的酥油燈、幾碗清水、塑膠花、聖物匣、孔雀羽毛，最上面一層則有地位崇高的喇嘛照片。照片中的他們頭頂禮冠，臉上戴著墨鏡。在這些物品的上方，不能免俗的，是座金光閃閃的大佛。佛陀身披金色袈裟，頭上罩著光環，笑睨眾生。住持耐心、語氣輕柔地引導著我沿著牆壁而走，跟我說明這是哪個菩薩、哪個上師或是哪個佛母的雕像，祂們全是為了拯救世界而延遲進入涅槃的聖人。在不斷擴張的眾神殿上，裡面的神可以同時以好幾種樣貌或是化身出現，雖然對我而言都很陌生。祂們的手和臉在黑暗中交錯重疊。通常祂們的相貌是凶惡的——手持寶物、蓮花、念珠或閃電，雙眼圓睜，直視前方。祂們不只是神，也像人。祂們的手勢是種艱深的語言。在這裡，神是反覆無常的。祂有時憤怒如野獸，有時溫柔如母親；在祂露出悲憫笑容的同時，卻也戴著骷髏頭飾。住持帶著我一路晃了過去。不過，通常我只能看到一截鍍金的手臂上面纏滿了信徒還願的圍巾，或是某個惡鬼斑駁掉漆的臉部。大部分雕像都太粗製濫造了，我無法從它們身上體會到任何神聖性或意義。

門在我們背後關上，奪走了最後一道光線。我好不容易才意識到自己正走在一支可敬的隊伍中間——即使祂們後來的發展佛祖可能不太贊同。七世紀引入西藏的佛教（比其創始者的涅槃還晚了一千年），因為這些美麗而怪誕的後代而變得豐富多元。不僅如此，這個宗教更把其據點建立在偏僻、靠近岡仁波齊峰的象雄（Shang Shung）王國。就在那寒冷的高原上，它遇到成群的妖魔鬼怪，祂們粗魯地改變了它。然後，在接下來的幾個世紀，發展成熟、來自印度北方的大乘佛教影響了這整個區域，替它帶來了西方極樂世界，形形色色的佛菩薩，以及變裝易容的印度神祇。

在這眾神殿上的神都是衍生而來的。這尊是善視（Chenresig），西藏的觀世音菩薩，其化身乃達賴喇嘛。祂是大慈大悲、無所不知的神，從祂身上長出的一堆手臂就像是孔雀開屏似地在祂背後展開，每隻手上都有一隻眼睛。接著住持又指出慈悲女神度母（Drolma），還有西藏守護神蓮花生大士的數種化身給我看。

因為祂們，還有聚集在祂們身邊的護法，佛教淳樸的本質已然改變。怎麼一個原本嚴謹、認為因果報應會延續好幾代的不可知論哲學（認為上帝存在與否不可知），會逐漸發展成一帖應許解脫、得救的神奇特效藥呢？密乘（也叫做坦特羅佛教、密宗）是在西藏才發揚光大的。它提供信徒方便法門，教他們如何快速脫離輪迴之苦，進入涅槃境界。

他的寺廟，住持說，屬於古老的寧瑪派。這派人宣稱他們是藏傳佛教的創始教派，最重要的是，他們是密乘儀軌和觀想法的奉行者。最後，住持領我來到兩尊四肢交纏的神像前（當作是一種挑戰），他們是塗著白漆的金剛和明妃（俗稱歡喜佛），散發光澤，做工天然，意境抽象。在他的臂彎裡，是一具妖嬈的女體；她的腳用力環住他的腰，他們的下體緊密地貼合在一起。這跟人們以為的性交無關，它象徵的是陰陽調合、永恆極樂。他們的裸體用了一堆美麗的手鐲和頭飾來裝飾；她的嘴迎向他冰冷的唇，歡欣地獻出所有。

住持說：「這是空和慈悲的結合。」

「空？」

「他代表空，他了解何謂空性。」住持闡述的是大乘佛教的教義：世界萬物互相依存，無事物孤立存在，一切皆是虛幻。

「那她呢？」

「她代表悲憫。她圓滿他，使他完整。」

這種展現肉體歡愉的塑像引發了各種詮釋，修行者會把他們的形象，甚至於動作解釋為開悟成佛的象徵。有時男身代表慈悲，女身代表智慧（閃耀於內）。通常她被設定為他的shakti（內在的陰性能量），緊緊依附著創造她的神。

「確實有結婚、行肉身雙修術的喇嘛，不過在我的寺廟裡可沒有。」住持說。在過去，通常只有隱居的瑜珈士會採用極端的密法修行，而在寺廟裡，密乘與哲學還有辯證法是同時並存的。不過，從全盛的十四、五世紀起，邏輯與神祕主義並行的傳統產生分裂。在沿著廟牆而建的置物架上，住持指著用布做封套的經書——《甘珠爾》（*Kangyur*）和《丹珠爾》（*Tengyur*）給我看，說它們為西藏留下了龐大且優美的玄祕文章。除此之外，這裡也有密乘的文本，在住持的吩咐下，全都受到悉心的照顧。他說來如數家珍，我卻聽得一頭霧水。最初之佛普賢菩薩（Samantabhadra）是何許人也？何謂密乘的神祕精髓？如何去覺察大圓滿教法（Great Perfection）的明光？這些全源自於某個神聖的教派，但從來沒有人譯介過它。

在這些修行的祕法中，只有一樣我稱得上是有點認識。四十年前，老朋友旅行家芙瑞雅・史塔克（Freya Stark）送給我一幅構圖勻稱的曼陀羅，描寫的是金色大地中的佛陀。她說她是在尼泊爾買的，覺得它很奇特。在我看來，畫中高踞雲端的諸佛就像是頑皮的小孩，故弄玄虛地飄浮在空中；不過，也許偶爾祂們會在某個僧侶或隱士的觀想中出現，作為他離苦得樂的私人窗口。

基本上，像這樣的曼陀羅都會有一個神坐在固若金湯、城牆高築的宮殿裡面。其圖像代表超脫紅塵俗世的神聖空間。修行者通常會利用曼陀羅幫助他們集中觀想某個神佛，以得到加持而生證悟。榮格認為它是一種源自於潛意識的自我療癒法。有修行者輕鬆地把它當作輔助的備忘錄。也有修行者認真地想像他們的曼陀羅位在世界屋脊——須彌山或岡仁波齊峰的中心，而他們的身體則與山陵合而為一，從中取得源源不絕的能量。

我們來到寺廟的門廊，住持指著牆壁上的曼陀羅對我說，相傳它的草圖是佛陀自己設計的。「這畫的是宇宙初始、轉世之輪。你看，它被死神閻魔推著走。從中間……不斷有人掉下來。」

我抬頭看了個仔細。一群人沿著滾動的巨輪努力地往上爬，有人進入了極樂世界，有人卻墜入了地獄。我發現在他們中間，單獨被撇在輪轂上的，是畫得很生動的大蛇、公雞還有豬，牠們互相咬著彼此的尾巴。

「這些是世人心中的毒。」住持說：「蛇代表嗔、豬代表癡、雞代表貪。你看得出來嗎？」

我看得出輪子附近的人都很忙：忙著說話、忙著賺錢、忙著做愛。只有佛陀站得離這個圈圈遠遠的，手指著月亮，象徵解脫。當然啦，他所達到的極樂境界是畫不出來的；就連輪子底下的地獄看起來都假假的、不太像；而那些陷入六道輪迴的生命則顯得一臉天真，甚至有些滑稽。如果這個畫家想表現的是受苦受難，那他恐怕要失望了。因為就連象徵劣根性的動物都安詳得好像置身在天堂，而那些早晚要下凡歷劫的神佛正享受著這段過渡期。

我問住持是哪位僧侶或是喇嘛繪製了這幅圖像。（在西藏，畫師的角色亦頗受爭議）。

「繪畫在我們僧侶之間是項重要的傳承。」他說：「曾經有位隨達賴喇嘛逃出來的老人在這裡教畫，不過後來他跑去克米村附近的山洞閉關，在那裡往生了。幸好他把技藝傳給了一名徒弟，不過，那名僧侶跑去了錫米科特，」他寬容地笑了笑，「還做起了生意。不過呢，他自己又收了兩名徒弟……」

「那到底是誰畫了這幅轉世之輪？」

「我不確定。」住持鬆開糾結的眉頭，笑道：「不過，我想是那位還俗的生意人。」

在寺廟再過去的馬路上，我碰到了兩座用石頭蓋的紀念塔。透過狹小的洞孔，我努力往塵埃密布的內部看，發現裡面有其親人放的一碗米，甚至是一小塊金子，也有人塞入獻給慈悲女神度母的曼陀羅。在最裡面，我看到幾個泥塑的舍利塔還有受供奉者的骨灰。

在這些深山裡面，屍體不是燒了就是餵禿鷹，死人會消失得很徹底。只有少數德高望重的喇嘛會得到建塔供奉。不過，當我詢問路過的僧侶：「這些塔是什麼時候蓋的？紀念的又是誰？」竟沒有人答得出來。話說回來，四大皆空的他們根本也不在意這個。

他們繼續往前走，我則思索起他們的自在、他們的貧乏。也許他們已經經歷過一場提早的無痛死亡，早已放下其他人大去時才會放下的。他們將不會留下任何有形的東西，讓世人去分、去爭、去享用。他們的一無所有讓我明白什麼是立刻解脫，毫無罣礙。他們快活的笑聲一路伴隨我上了山，可我並不忌妒他們，只是有點感慨。什麼時候西方人才能像他們一樣，拋開遺產和繼承的枷鎖，了解人類創造的物質根本不具任何意義？

在爬山路時我的腳步慢了下來，但我對過去的記憶卻變得再清晰不過。隨著母親的去世，有形的東西（舊信件、年久失修的房子、拖鞋）紛紛冒了出來，就像是孤兒突然跑來祭奠亡者。我母親從來不丟東西。在她的抽屜裡塞滿了五十年、七十年、八十年前的信、日記、檔案和照片。裡面更有一札札我父親、我死去的姊姊、我的保母，甚至是我保母的媽媽寫給她的信。有好幾個月，那些文件就這麼堆著、等著，隨著遲來的悲傷變得愈來愈龐大。如何決定什麼該留、什麼該丟？東西的價值不再取決於它值多少、美不美麗，而在於它代表怎樣的記憶。缺了一角、不再光亮的茶杯遠比沒人用過的銀托盤來得珍貴。而那些信可真讓我傷透了腦筋。有時候某天寫下的東西會不斷在你的腦海裡迴響著。每件被丟棄的物品都在小聲提醒我又損失了什麼。過去逐漸瓦解，被淹沒在垃圾桶裡。當你擺脫這沉重負擔的同時，悲傷亦會讓你如嬰兒般無助。你仔細篩選、保留（為了誰？），然後緊緊抓住。你已經變成幫他們看守過去的人，甚至是再造者。

我原本打算要燒掉我父母的情書的，卻發現我做不到。不僅如此，我還開始一封一封地讀，懷著忐忑的心情。我突然覺得它們應該保留下來，收進國史館或資料庫裡，然後自然而然地走入歷史。我用新的橡皮筋（舊的已經爛掉黏在信封上）把它們綁緊，另外堆放。我也不懂自己為何要這麼做。我想，在處理所謂的私人物品時都會遇到類似的困擾：留並非有什麼目的，而是因為無法忍受毀滅。所以我徘徊在取捨之間（不管怎麼做都像是背叛），不過，最後我還是把信連同他們的熱情、渴望，甚至是寂寞，全都收藏了起來，想說日後再行處理。

父親軍中的書信審查制度規定，不准向外透露任何有關軍事活動的訊息。

於是，他用一些生活的小插曲、笑話，或是觀賞花鳥的紀錄來填補這片空白。即使從戰況最緊急的安其奧（Anzio）寫信回來，他告訴我媽的也是四月那裡長滿了紫羅蘭、番紅花、野豌豆、艷紅的海綠還有蘭花。他在信中寫道，他們部隊的補給車裡貼的全是我媽、我姊還有我的照片，而香菸盒高高堆起的貨牆裡插的則是鳶尾花和仙克來。他也有提到鳥（當然囉，因為德軍疲勞轟炸的緣故，不可能看到很多）——金翼啄木鳥和夜鶯都在白天叫，而「最漂亮的是一種長得像鷦鷯而不像金翅雀的小鳥」，讓他經常想起她。偶爾他會不經意地提起散布在他周圍的彈坑、戰友的死，或是（幾個月後）他的補給車連同我們的照片是怎麼讓榴霰彈給炸碎的。

有時黑暗的世界和蹉跎的歲月似乎只是為了讓重逢的喜悅更加甜美。然而，對彼此安危的牽掛仍持續折磨著他們。在德軍瘋狂空襲英國的期間*，我媽在倫敦的各個碼頭開卡車。然後，我爸開始提到蘇聯的告捷、德軍的撤退。「我們的俘虜比在突尼斯抓到的那批還要窮」。當戰爭快接近尾聲的時候，義大

* 一九四〇年九月，二次大戰的戰火以「閃電戰」（The Blitz）的形式延燒到了英國。德軍以頻繁的轟炸空襲方式，連續五十七夜攻擊倫敦。

利山丘的松脂香開始引他想起了印度，而歐洲勝利紀念日到來的那天，奧地利森林的銀蓮花和酸模竟然變成了白色。算算他已經有兩年半沒見到我母親了。

我們站在漢普郡（Hampshire）的某個火車站，我媽一隻手牽著我，一隻手牽著我姊卡羅（我想？）。我當時才七歲大。在學校我已經跟大家宣布，我爸殺光了所有德國佬，正要趕回來幫我布置聖誕樹（在五月的時候）。而現在蒸汽火車終於到站，月台湧入大批返鄉的軍人。我緊張兮兮地一一掃視他們的臉。我已經不記得父親長什麼樣子。從我們身邊經過的男士全都留著帥氣的八字鬍子，穿著晶亮的靴子。突然間，一根手杖從某節車廂的窗口飛了出來，然後我媽大喊：「那肯定是他。他最愛開玩笑了。」下一秒，他已經大步朝我們走來。我媽鬆開我們的手。他足足有六呎五吋高，在他那個年代算魁梧的，制服上別滿了勳章，帥到無人能敵。更重要的是，他看起來非常開心。他是每個小男孩心中夢想的父親。我當下又驕傲又得意。當我們回到家的時候，我重新認識的雙親並沒有坐在客廳，而是直接穿過走廊互擁著跳到那張閒置的床。卡羅和我先是看傻了，後來也有樣學樣地跟著抱在了一起。

我把信連同父親婚前就有的相簿收了起來。在他最早的印度時期的照片裡，年輕軍官都沒有名字。可這就讓我好奇了，那幾個他特地註明「黛安娜」或「馬喬麗」的女人是誰？而那個在分手紀念照上題字寫說「祝好運！老傢伙。」的俏女郎又是誰？他從未提到她們。他喜歡幻想，我媽說，在她之前，他不曾有過其他的女人。

可是，我媽在第一張相片裡，看上去不過是個小女孩；而當時的我爸已經是個二十一歲的軍校生。相機精彩記錄了前七年的婚姻中，只有兩人世界的甜蜜生活。時空在這些舊照片身上產生了微妙的變化。早在我出生之前，這對夫妻已經活得有聲有色。照片中的他們是那麼年輕，遠比現在的我還要年輕，這實在詭異。她蹲在她的大麥町狗之間或是騎著馬參加定點越野比賽。而他呢，在軍隊的宴會上搞笑，打扮得像個小丑。他們活在讓我不會想念他們的角色和背景中，這樣的隔閡減輕了傷痛。他們活在他們自己的人生中，我失去的只是一部分的他們。高大的中尉跟他的同事開玩笑，早在他遇見我媽的五年前，早在我出生的十五年前。於是，你終於了解他們的人生不是你的人生。

不過怪的是，這些年輕時期的照片也帶來了完全相反的感覺。不知為什麼，彷彿他們有先見之明，又或者你用雙重標準看他們，他們已經是你的父母、已經長大，雖然他們看起來年輕又有活力，但永遠都比你老。

卡納利河谷一整天都颳著風，當我們抵達揚格的時候，風勢忽然增強了。遠遠地看過去，整個村落好像是用紙牌堆起來的。沿著陡峭的河谷岩壁，房子一間一間地往上蓋，與天然的地形融為一體，旗竿把人們的祈禱傳送到空氣中。婦女在一條分叉出來的小溪裡洗衣服，看我們走來，紛紛轉過她們的鵝蛋臉對著我們微笑。這裡該不會已經是西藏了吧？我們在錯綜複雜的小巷裡穿梭，沿途走過沒有圖畫裝飾的白牆還有突出的屋簷。從屋簷下方伸出來的斗栱就像是一整排大砲。這個村落是一座高低坡不斷的大迷宮，巷弄四通八達，隨處可見讓你爬上爬下通往人家院落或陽台的長梯，從屋裡傳來的說話聲彷彿來自天上。

這令人暈頭轉向的剖面圖變得更加複雜，就在某人邀請我們進去家裡坐之後。丹度．拉馬斯一家是淳樸的務農家庭，有著西藏人的五官和烏黑的眼珠，就住在半空中。在這種高山部落，隨時都會有一個女人站在兩碼外的露台上跟你聊天，不過，你們中間卻隔著一道三十英尺落差的大馬路。馬棚裡的馬明明住在地底下的，頭卻懸在一層樓高的巷子上方。你努力爬了三層樓卻發現自己只不過來到某戶人家的一樓，而犛牛的鈴鐺聲竟然從你以為的頂樓傳來。這裡絕對不適合夢遊。達布不小心坐到了一段不穩的欄杆，差點摔個半死，他歇斯底里的尖叫聲直通下面的巷弄。

丹度，這個家的主人，四十歲了，依舊生龍活虎。他和村裡的其他男人一樣，穿著西方服飾（厚重的雪衣和破長褲都是中國大陸做的），頭上戴了一頂印有「Life Plus」字樣的鴨舌帽，大而寬鬆的嘴替他營造出慵懶的假象。我們爬了一段又一段的階梯，踩過無數根木頭，終於彎身進入開著小窗、陽光幾乎灑不進來的房間。他家的地板、天花板還有柱子全是用厚實的原木做的，上面還留有斧鑿的痕跡，透著一股幽暗的棕色光澤。丹度說這間復古的房子是他老爸蓋的。柱子足足往下扎了兩、三層樓才碰到岩石，橫梁上畫的則是西藏特有的白色圓圈圖案。它是專門為矮壯的高山民族設計的，裡面的家具厚實卻也迷你。我一進去先是頭撞到了門楣，後來又笨手笨腳地坐在像是長椅的茶几上。丹度體貼地用眼神示意我們可以坐在地上，於是我們舒服地圍坐在他家的爐子旁，就著昏暗的燈光。他的老婆正在爐子上烤麵包。一開始她害羞到一句話也不說，黑得發亮的頭髮分紮成好幾根辮子，垂落在黝黑的顴骨旁。在她身後的置物架上堆滿了錫製的餐具、保溫瓶、一只鐘以及一台破舊的收音機，還掛了幾把擦得發亮的勺子。她從家裡養的母牛那裡擠來了新鮮牛奶。在她旁邊，有一個龐貝紅的漂亮碗櫃，上面繪著枯萎的花朵。她兩隻手來回拍打著生麵糰，差不多了才把它攤平在爐架上，烤成褐色的餅皮，而丹度則把醃菜放進木缽裡搗碎。

他們的村落分享了這片土地的所有困境，丹度說。他們的農作物一年才收穫一次，根本不足以養活他們。所以每年的春天和秋天，他都會偷偷跑去砍松樹，用家裡的三頭犛牛把它們運到北方很缺木頭的西藏去賣。他說，有個叫塔克拉噶（Taklakot）的城鎮，是這類走私生意的集散地。然後，回程的時候他會帶中國的成衣、鞋子、啤酒、麵粉回來賣。

我想起溪谷下方的塔庫里村落，想起貧困的勞里和他衣衫襤褸的孩子。對了，怎麼沒看到丹度的孩子呢？一開始我還以為他沒有。丹度的太太比他大六歲，他們也是奉父母之命結婚的。不過，丹度可比勞里會鑽多了。他那聰明的女兒先是跑去下游不受管制的寄宿學校就讀，接著又進了達蘭薩拉的慈善學校，現在住在達賴喇嘛流亡政府的自治區。至於他的寶貝兒子呢，則是取得加德滿都某大學的獎學金，畢業之後，將回來跟他們住在一起。這些被看不起的菩提亞人似乎正藉由做生意扭轉自己的命運。「對我們而言，中國比加德滿都更親近。」丹度說——即使他們掠奪了藏人的遺產。「日子還過得下去。」他請我們喝加了鹽和酥油的奶茶。「一切都好。」

如果某家的兒子被趕出家門的話，會怎麼樣？我問。

丹度說：「那他們的女兒會帶著女婿回家，跟他們住在一起。那恐怕是一段很長的距離，因為沒人會跟村子裡的人結婚，也沒人會跟不同階級的人結婚。除非是因為愛。」

愛。在這裡不常被提到。新娘必須離開自己的原生家庭，即使她根本沒有愛的感覺。幾年前，我在印度高韋里河（Cauvery）不小心撞見了一具年輕女屍，警察把她的案子草草了結了。他們說：那只是個女人。她可能是被夫家給害死的。

我試探地問丹度的太太對這件事的看法。她有什麼感想？

結果丹度馬上替她回答，語氣溫和：「這是我們的生活方式。」

不過，我不死心，繼續追問她。她的身體縮在爐子後面，臉隱藏在兩隻手之間。終於她耳語道：「剛開始的三年非常難熬。我家離這裡很遠。我無時無刻不想念我的父母。」接著一種壓抑不住的高亢聲音從她張開的指縫間傳了出來。一開始我以為她在哭，後來才發現那是笑。她抬起頭，「後來我愛上了我的丈夫，還生了小孩。」她面帶笑容，一副如釋重負的樣子。他也笑了，臉瞬間脹紅了。她重新甩打起手中的麵糰，他則把木柴塞進爐火裡面。

有時沉默會突然降臨，不是因為西方人的彆扭，而是因為食物破天荒的豐盛，我們忙著打嗝和咀嚼，忘了說話。窩在他家昏暗的角落裡，聞著天然的木頭香，我暫時忘記了丹度是盜砍樹木的人，舒服得快要睡著。他們的招待既溫暖又親切。她身上幾乎沒戴珠寶，就一條格子圍裙配上西藏的長裙。他們的儲藏室裡堆了米和煤氣罐。夫妻同樣有著寬扁、平靜的臉。

他們信奉的神跟下游寺廟的很不一樣。這裡有兩間廟蓋在村子上方的峭壁上，一間住著尼姑，一間住著和尚。不過，丹度不懂為什麼男女要分開。「反正他們就是這樣。」一年有幾次村民會聚集在其中一間廟裡禱告。他們不談神也不談佛，他說，就只是為未來禱告而已。而在河上游的某個高原上，人們死後身體會被分成好幾塊。「我們以前習慣把屍體丟進河裡。不過，現在不會了。現在河乾淨多了，鳥兒都會來。」

從他們星空下的屋頂看過去，那些廟不過就是浮在半空中、插了一堆旗子的房子而已。夜深了，丹度回到他家的儲藏室休息，達布跑去陪他的馬，而艾斯沃、瑞姆還有我則在地上鋪好睡袋，就著一盞小燈泡並排睡下。外面非常安靜，不過，睡在我旁邊的瑞姆卻不斷做噩夢還猛磨牙。他的戽斗下巴都快要撞到紅木家具了，害我一直在想該不該叫醒他。不過，我終究沒那麼做，他也總算安靜了下來。

第五章

揚格村不時出現在我們腳底下，在黎明中閃閃發光。偶爾我們會停下腳步，回頭看望那宛如幻影的金色峽谷。綿延一英里長的陡峭山壁，輕易地保有與世隔絕的寧靜，第一道晨光正慢慢劃過田野。溪流潺潺地從我們腳邊流過，小鳥在野生的杏樹林間跳躍。

不久我們離開了河岸，登上了高處。前方，在狹長的小路盡頭，白色的山脈圍籬遮住了地平線，雲朵就像煙霧信號般地從山的頂端升起。不過，布穀鳥的叫聲依舊響遍下方的河谷，一隻漂亮的狐狸從容地從我們眼前經過。揚格的田野在晨光中奇蹟似地敞開，讓人很難相信這村落是那麼的貧瘠，貧瘠到養不活種田的人。遠方，隱約可聽到伐木的斧頭聲。

峽谷的開口變得愈來愈窄。在我們下方，參天巨樹依舊簇擁在河的兩旁（有時甚至會出現一百五十英尺高的雲杉），不過，我們一路往上爬的時候，卻只遇到稀疏的灌木叢和岩石。岩薔薇和乳白色的金露梅開得到處都是；黃腹鶲鴿在旁邊飛來飛去，而一隻紅黑相間的艷麗咬鵑領在我們前面，從這個枝頭飛到另一個枝頭。不過，此刻我們正經過坍塌範圍不斷擴大的路面，滿地都是鋒利、斷裂的碎石。愈往前走，樹變得愈小。松樹依舊筆直站立，只是大部分都乾枯已久，彷彿從內部燃燒了起來；偶爾河岸的懸崖會反向下降，出現長達五百英尺的垂直落差。

於是我們又下到了河邊。抓緊鋼索，我們走過薄薄的木板橋，終於來到河對岸的荒涼村落穆邱（Muchu）。在穆邱的山上，一名戴眼鏡的小老頭正站在廟門口轉動祈禱用的經筒，一名看似虛弱的和尚正吃力地要爬上山頂開廟門。我不知道該期待些什麼。跟頁爾班附近的大型寺廟相比，這廟又破又小。經歷無神論者的游擊隊多年的燒殺擄掠，有什麼能在這蠻荒之地留存下來呢？

廟門破舊到關也關不緊，牆壁上的小小天窗灑落一抹天光。敞開在我們眼前的，是無法挽救的衰敗景象，而非遭洗劫一空後的混亂。這廟如此荒蕪，肯定已多年無人看管了。簡陋的柱子和臨時找來的矮几搭起壇場，腐朽的架子上擺的一排油燈早已燒盡。後方牆上的壁龕裡，要嘛不是空空如也，要嘛就是焦黑到無法辨識的神像朝你怒目瞪視。糾結在一起的骯髒哈達從前方主要神像的身上披垂而下，臉上斑駁的粉紅灰泥和金色塗漆使祂們的笑顯得猙獰。其他的壁龕裡，經書胡亂地塞在一起，蓮花生大士盤腿而坐，旁邊圍繞著他的妻妾，全都東倒西歪。沒有一處的油漆是完好的，而就在正中央的深紅色凹室裡，盤踞了一條褪色的龍；善視，西藏的觀世音菩薩俯瞰著某高僧活佛的照片。該活佛醜聞纏身，後來死在這裡，我在頁爾班曾聽說過他的故事。

和尚躡手躡腳地跟在我們後面，老頭則漠然地繼續轉動他的經筒。和尚低聲說道：那尊觀世音菩薩，是在附近的河裡奇蹟似地找到的；至於其他的雕像則是村民親手做的——我看不出有什麼差別。觀世音菩薩的金色頭顱凸出一顆顆大眼睛，祂高高舉起的手垂下串好的護身符和古錢。其他神像則亂七八糟地擠在一起，揮舞著三叉戟或端著誦缽。祂們曾經擁有的力量已然消失，彷彿隨時都會化為一抔塵土，回歸到原本的狀態。

我問和尚這廟有多少年了，可他卻答不出來。他說，村子裡共有十八名僧人，輪流照管著這間廟。「當毛派反叛軍打來的時候，村民組織了自救大會，卻捨棄了我們。」

「警察跑了。」老頭用一雙澄澈的眼睛看著我。「不過，我們自個兒團結了起來，拯救了這一切。」他指著佛壇說道。

我體會不出他們體會到的神聖，我知道。對他們而言，這被放棄的破房子乃救贖之地、乃諸佛潔淨應許之地。倒是艾斯沃一直呢喃著：「好慘……真的好慘。」

牆壁上，潮濕的灰泥一塊塊鼓起，上面的畫一片片剝落。三世諸佛*漂浮在夜空中，頭頂綠色光環，背景是彩繪的玫瑰花叢，惜已黯淡無光。就連閻魔，地獄的死神，都敗給了祂自己掌管的無常，五官模糊不清，其他看起來比較友善的惡鬼也是一樣。

這些所謂忿怒尊的神明把恐懼帶入了西藏的眾神殿。老頭手上的經筒轉得更快了，當他經過其中一尊神像的時候。基於某種原因，殘破的他們比完好的他們更具威脅性。他們出沒於各個廟宇，象徵著痛苦、黑暗的世界。有些是擁有特殊法力的普通鬼，索求人們的供養；有些則是被選上，擔任的是相當佛教護法的工作。不過，最傑出的乃仁慈的菩薩在人間的分身，藉由令人生畏的外表來嚇退無知、邪惡，其形象從原本的安靜、壓抑一下子變得盛怒、瘋狂。他們丟掉了蓮花、化緣的缽，改持劈刀、斧頭和大刀。他們雙眼圓睜，眼珠子瞪得比銅鈴還大；原本盤坐的雙腿如今前後劈開，把印度神祇踩在腳下。有時他們身上披著活生生的巨蛇或虎皮，頭上則戴著骷髏項圈。他的首飾是人類的骸骨。沒有例外的，他們全張著血盆大口，露出如火焰般的舌頭和一整排尖銳、有著邪惡獠牙的牙齒。有些旁邊還跟著明妃，但是她們看起來一點都不性感，醜陋極了。

對於忿怒尊，世人的說法可說是莫衷一是。基本上，他們握有的抽象力量，並不亞於其他溫和的同類，也能讓理解其真理的人得到救贖。就連閻魔（有張猙獰的臉，置身黑暗中，旁邊圍繞著火光和小鬼）也只不過是大慈大悲的觀世音菩薩的另一種化身。不過，也有學者相信忿怒尊源自於人類對惡劣環境和酷寒天候的心靈反映；當然也有一派宣稱他們乃早期西藏原始宗教（苯教）的遺緒。

這類神祇的勢力和力量持續影響著藏人的日常生活。不過呢，最令人畏懼的神祇並非源自這裡，而是源自於有著溫暖平原和密續典籍的印度。像印度教的神祇濕婆自己就是在岡仁波齊峰上不斷地冥想，才在妻子時母（Kali，卡莉）的身上找回自己的暗黑形象。

* 佛教有三世佛，指過去、現在、未來三世的一切佛。過去佛以燃燈佛為代表，現在佛是釋迦牟尼佛，未來佛則為彌勒佛。

在加德滿都南部的達克辛卡莉（Dakshinkali），兩條河交會的幽暗峽谷間，這位印度女神時母擁有自己的廟宇。每逢週六，方圓幾英里內的信徒都會跑來這林木茂密的谷地祭拜她。婦女穿上她們最美麗的紗麗，帶著剖開的椰子、金盞花、綁上雙腳的公雞。除此之外，還有活的山羊，甚至是水牛。祭祀的聲音在谷中響起：談笑聲、喧嘩聲、歌唱聲、搖鈴聲不絕於耳。祭司用糯米還有硃砂調成的粉末在信徒的額頭上畫蒂卡（tika，有祈福作用的紅點）；烹煮牲禮的篝火在露台上搖曳著。我愈往谷底裡走，群眾喧譟得愈是大聲。忽然，我瞥見下方有個露天的祭壇，周圍掛滿了暗紅的布幔，更有四條鍍金的大蛇盤踞其上。

一開始我以為圍在時母女神浮雕上的深紅色是可以拆解的布幔，後來才知道那是鮮血漫過的痕跡。中間的庭院擠滿了來祭拜的人，大夥兒肩挨著肩。漫不經心的廟方執事人員把長袍撩到大腿上，接過一盤盤的木槿和金盞花，兩名劊子手負責揪住活的牲口。脖子被劃了一刀的公羊頹倒在浴血的女神腳下，公雞的頭彈飛了出去，就像瓶蓋一樣。雕像的臉只剩細長的眼睛還有任性往上翹的嘴勉強看得清楚。一顆血淋淋的水牛頭就像鐵砧似地落在女神的腳下，至於水牛的身體則橫陳在一碼外的空地上。負責維持秩序的人對我大喊，要我脫掉腳上的鞋子。大理石地板上流滿動物的血和內臟，身材曼妙的女郎光著腳就這麼走了過去，簡直比女祭司還神勇。當她們繞祭壇而行時，刺耳尖銳的鈴鐺聲亦隨之響起。灰色的雜種狗就窩在腳邊，可在一片血光的地板上，根本沒有人注意到牠。

時母女神的雕像象徵著某種原始的野蠻力量。通常她的形象是殘暴且嗜血的，乃恐怖的死神。在達克辛卡莉，她只接受未閹割的雄性動物作為獻禮。全宇宙只有濕婆管得住她。在瑜珈修行者眼中，濕婆是純潔、清靜的宇宙意識；時母則是他因憤怒而產生的能量。除此之外，她同時也象徵著空前絕後的勝利，不斷的變動，足以逆轉時空、讓一切回歸混沌的破壞力。然而有時她甚至也被描寫成是美麗的。

我從谷底往上爬，看到好幾個家庭正聚在樹蔭底下大啖剛拜過的牲禮。大家全都興高采烈的，只有我例外。我已習慣西方遮遮掩掩的屠宰場，這樣大咧咧地殺生實在無法接受。一路上，不時可見到賣小飾品或絨毛玩具的攤販，大多是泰迪熊的鑰匙圈啦，或是迪士尼卡通人物的布偶等等。

那天晚上，住在加德滿都的僧院客房，我脫下被血浸濕的襪子，坐在金盞花和木槿花全被摘光的花園裡。塔西，我在這裡結識的和尚朋友，坐在我的對面，憎惡地聽著外頭的喧鬧聲。他來自不丹的貧窮村落。佛教不殺生的戒律讓他長期以來對這種藉由血祭以平息女神憤怒、得到救贖的行為感到厭惡。

「在這裡，九月有個印度女神專屬的祭典。」他說：「好像是拜難近母**或時母吧？我不清楚。整整三天，街上血流成河。過去，國王會藉由宰殺動物來開始整個祭典。我們僧人恨死這個了。人們獻上牲禮，祈求生意興隆或多子多孫。他們怎麼可以把自己的欲望建立在可憐動物的痛苦上？通常那段時間，我們都會閉門不出，並點上燈火為那些動物的靈魂超渡。」

在塔西的寺廟裡，一個月前，我才看到一名和尚把手伸進儲藏室的活動柵門裡，拉出一隻有著大理石花紋的小蝴蝶，免得牠被合攏的柵門壓到了；和尚將牠帶到一朵花上。

塔西有一張憨厚的臉，總是笑瞇瞇的。年僅三十的他即將展開一段為期三年、籌畫已久的閉關修行。「屠殺動物的血祭終有一天會消失的，」他說：「年輕人會改變它，抵制上一代流傳下來的陋習。一切正在改變中……」

我都忘了塔西本人還很年輕。在那寬鬆的紫紅色僧袍底下，露出來的半截手臂是細嫩、光滑的，可他的臉卻因為幼年的困苦生活而顯得滄桑，如今這些痕跡似乎已化為堅毅、平靜。「我不知道他們會如何改掉那些習慣。我們活在一個沉淪的年代。我想在中共入侵西藏、佛教徒四分五裂之前，我們的信仰是比較純粹的。現在我們暴露在西方的模式中，也有機會接觸到更多的女人。我們的教條規定，真正得道的高僧，當他達到某種程度的領悟時，才可以考慮結婚。到時她將成為他修行的助力，而他則是她的古魯（導師）。不過，這種情形很少，也很難達到。現在我聽說年輕的僧侶會去追求女孩，甚至有西方女性抱怨僧侶會伸手碰觸她們。當然，這些都是從電視上學來的……」

我非常訝異地問他：「他們常看電視嗎？」

「嗯，他們花很多時間看電視。」他忍不住笑了。「就在昨天晚上，所有和尚陷入了瘋狂。」

「怎麼說？」雖然我早知道他們的平靜有可能是裝出來的。西藏依舊保有示威抗議的敢死隊，幾世紀前各寺廟也曾因為內戰而成為殺戮戰場。

「為了曼徹斯特聯隊。所有人都熱愛足球。昨天晚上的歐洲冠軍盃令他們非常生氣。曼徹斯特隊輸給了巴塞隆納隊，可大家支持的是曼徹斯特隊。你應

** 難近母（Durga，朵嘎），濕婆配偶的另一種形象，乃美艷、嗜殺的復仇女神。

該站在後面觀看他們的樣子，你一言我一語的，說有多激動就有多激動。他們認為裁判不公……亂發紅、黃牌，後來還大吼大叫了起來。」

我搖了搖頭，「我以為他們晚上都在念經呢。」

「呃，這也算是一種冥想吧？至少他們全副心思都在那顆球上，其他什麼也不管……」

卡納利河來到穆邱下方，突然轉彎向北，流經窒礙難行的峽谷，一直要到西藏邊境，我們才會再遇到它。同時艾斯沃告訴我們，從西邊奔瀉而來的是庫穆其亞河（R. Kumuchhiya）的支流。就在穿越穆邱前方山脈的途中，我們碰到了一道瑪尼牆和一座佛塔，還經過了一處半廢棄的警哨。很久以前，這個地區被毛派反叛軍遺棄而成為三不管地帶，如今有一支十二人編制的警隊駐守在這裡。就在兩年前，他們被迫從加德滿都調了過來。瘦小、黝黑的警察，看起來孤單又有點害怕。其中一人充滿警戒地看了我們的通行證一眼，就放我們過去了。

我們驚險地一路往下衝，通過一道道木棧橋，來到支流的北岸。時間逼近正中午，四周沒有半棵樹，只有幾小叢勉強活下來的灌木。遠處泛白的河床上布滿一塊塊裸露的卵石。附近的小山寸草不生，表面出現一道道風化的渦紋；頁岩所到之處，在山脈上形成天然的黃色岔紋。

當我們極度艱險地往峽谷上爬時，艾斯沃問說：「你覺得怎麼樣？」他聽起來非常擔心。「你還好吧？」

是的，至今為止我還好。不過，我開始聽到身體的抗議聲。舊傷口不斷溫柔地提醒我它們的存在：膝蓋軟骨的傷是從小就有的，腳踝韌帶的撕裂傷是在敘利亞發生的，至於脊椎的裂痕則是因為一次交通意外。雖然它們只是輕微的拉扯和刺痛，卻讓我驚慌不安了起來：萬一真的發生了什麼事，可沒人救我們出去。

於是，我告訴我自己，也告訴艾斯沃：「我很好。好得不得了。」講完後，我們忍不住都笑了。

我本想在旅途中好好省思過去的，可惜事與願違。因為沿途實在太難爬、太陡峭了。踩在礫石遍布的山徑上，每一步都需要小小的決心和勇氣。只有在中途難得的休息時候，當艾斯沃背靠在岩石上減輕裝備重量，我才可以想像這條路於我是個特別的暗示，就像記憶的軌跡一樣。

你回頭看向下方的峽谷，心想：自己是怎麼走過來的？幾分鐘前，或許是一小時前，你經過一個供商旅休憩的小棚子（就一張羊皮搭在岩石中間），如今它已變成一個小點，被你遠遠地拋在腦後。你根本就是不自覺地在走，被靴子規律的節奏給麻醉了，就像夢遊一般，只有驚人的美景或特別難走的路段才能把你搖醒。置身稀薄的空氣中，你甚至以為自己即將抵達終點。當然，在你前方那無言的雪山並非岡仁波齊峰。岡仁波齊峰，你幻想的絕世舞台布景，正等著你。烏鴉來飛的話，不過就五十英里的距離，可卻是另外一個國度，另外一個太空。

對印度教徒而言，「前往岡仁波齊峰」意謂著邁向死亡。

一名來自頁爾班的年輕和尚趕上了我們，他要去塔克拉噶幫寺院採買中國製的鞋子。他的腳程很快，身穿便服，沒帶通行證卻神色泰然，一副天塌下來也不怕的樣子。他說，他肯定可以躲過邊界警察的盤查，沒問題的。夾在一堆做生意的粗人之間，他看起來是那麼的純真、自在，好像沒有事情可以干擾他。他頭戴絨球帽，手裡拿了把摺傘。他說他很早便離開了家，自己跑去頁爾班的寺廟。「比起我師父，現在我愛我爸媽只剩一點點。」他伸出兩根瘦長的手指表示這逐漸淡去的感情。「我師父是我真正的父親。」不久，他邁開步伐揚長而去，一邊愉快地哼著歌。他的表現讓你以為他來自至善的人間樂土。到西藏旅行的人總為藏人的樂觀天性感到驚訝，認定他們就是這樣。其實早在十世紀，阿拉伯的地理學家馬素地（Masudi）就曾經寫道：住在喜馬拉雅山外的人們就連親人死去時都還是笑笑的。

年輕的和尚走在我的前面，逐漸變成了一個小黑點。他與艾斯沃並肩而行，兩人聊得很愉快，我眼看著他們愈爬愈高，最後消失在崩塌的土石中。等我走到那裡時，他們已經又爬得更高了。大量崩落的石塊成為我們往上爬的階梯。那些石頭應該是剛掉下來的，山的外殼就像是被人劃開了一道口子。感覺我好像爬了好幾個小時，手腳並用的。碎石在我腳下發出刺耳的摩擦聲，我的身體好像已經不是自己的了。這山路是那麼長又那麼陡，我幾乎不敢奢望它會有盡頭。退而求其次，我鎖定上方五十碼外的大石頭，汗流浹背地努力走到那裡。癱軟在岩石上，我大口大口地喘氣，感覺腿就要廢了。轉過身，我俯瞰遠方的河流和不毛的山丘，試圖緩和自己的心跳，直到我有力氣再站起來為止，我在想：這真是自找苦吃。落石差點砸在我的身上。天空艷陽高掛。我開始算起自己的步伐，甚至腳下的石頭：這顆是灰的，這顆是肉桂紅，這顆的紋路很多。然後，我的登山杖碰到頁岩，硬生生地斷了。我心想：如果一萬一千英尺就這樣，那到了一萬八千五百英尺的時候，我要怎麼辦？此刻，我只敢盯著眼前的石頭，深怕自己看到前方的沖溝就氣餒了，再也走不下去。

漸漸地，我陷入一種異樣的深層疲倦中。我的身體並沒有很累，卻不由自主地想睡。那種感覺有點兒像是絕望。要不是瞥見艾斯沃一直在前方候著，說不定我真會蜷起身軀，就此閉上眼睛。這讓我膽顫心驚。這是我第一次懷疑自己能否完成這趟旅程。

突然間，我感覺到空氣對我而言太稀薄了。它變了、空了。我上氣不接下氣。這時什麼都不重要了，只有氧氣最重要。可氧氣太少了，根本不夠用。暈眩中，我靠在石頭上休息。空氣正離我而去，一切已經耗盡。天地間，只剩下我濁重的呼吸。

有好長一段時間，我就這樣有氣無力的，直到我的肺恢復了平靜、我的恐懼散去。一段悲傷的回憶陡然升起，讓我一時招架不住。我困難地站起，張開嘴噏下絲絲微風。然而，回憶並沒有因此平息。記得是她的心臟出了問題。我的倒還好。她得靠刻意的深呼吸才能喘過氣來，讓脆弱、互相影響的心臟、肺臟、血壓得到舒緩。

只要她大喊吸不到空氣時，我就拿氧氣罩蓋住她的臉，打開氧氣筒。她的手伸過來抓住它，終於安靜了下來。醫生說：只能連續使用十二分鐘，再多就會有危險。可當我把罩子拿開時，我媽的手卻還是緊抓著它。那感覺就好像是我奪走了她的生命。後來她說：明年我絕對不要這樣。明年換我來看護你。

在醫院的病房裡，隔著圍起病床的布簾，其他病患的聲音總是惱人地不斷響起。這個女人責罵她的女兒為什麼那麼晚才來看她？那個女人吵著要回東格林斯特德，說有姊姊會照顧她。某個來探病的先生講述他辦公室擊退小偷的英勇事蹟。還有人說：「我知道我很自怨自艾，但我也沒辦法……」

然而，這一切她都聽不到了。只是偶爾她會握緊我的手。

深夜的病房裡，迴盪著咻咻的氧氣聲，病人的呻吟聲、夢囈聲。刺眼燈光下，她握著誰？又握住什麼？我人還在那邊嗎？護士比我更不清楚。隔壁房裡有人不停地在咆哮。

到了早上，布簾外的各種聲音再度響起。我很生氣他們要一直住下去。她到最後都很平靜，身體轉向窗外，臉又年輕了起來。

到了傍晚，我們終於抵達托利亞山口（Torea pass）的山腳下。我茫然地聽著自己的呼吸聲。記得沿路有許多古老的檜木，它們的皮一條條剝落，就像是蟬蛻下不要的殼。瑞姆已經在步道盡頭找到一塊平坦的空地，搭好了帳篷。我直接進入夢鄉，既沒吃東西也沒換衣服，整整昏睡了九個小時。

第六章

在加德滿都寺廟的庭院裡，塔西談到出家的生活，說它不但能讓人離苦得樂，還是一條反璞歸真的路。在他的認知裡，他的祖國不丹乃藏傳佛教的繼承人兼守護者。

「大家都說我們像以前的西藏。在我家鄉，可以清楚感覺到人們的虔誠信仰，不管是在市集上或是在街上。不像在這裡，在加德滿都，只要一跨出寺廟的門，就會有乞丐圍上來，就會有人纏著你要你買東西。這讓人看了很不忍。你也想幫助他們，也想要讓他們快樂，可偏偏你做不到。在我們國家才沒有這種事呢。我家總共有十口人，但我們一直很開心。雖然我已經四年沒回去了。每年的寒假、過年，只有我一個人缺席。」

「你家有那麼遠嗎？」

「是的，它很遠。一年一次我會打電話給我媽，只為了聽聽她的聲音。」他笑了。「我很想念他們。」

「那你幹嘛離開？」

「我家很窮。當我看到父母為了生活在田裡辛勤工作，不得不讓大姊輟學、回家幫忙的時候，我就知道我不要這樣的生活。我不知道我爸得說多少謊話、得違背多少良心才能養活我們——八個孩子。他有一份工作，負責看守公司的倉庫，可一有空他就得去抓魚。他抓了那麼多魚，肯定讓那些魚很痛苦，可是為了養活我們，那也是沒辦法的事……基督徒說這叫什麼來著？」

我在記憶中翻找。是啦，基督教是有類似的故事，可當初耶穌的門徒離開加利利湖並不是因為覺得魚可憐，而是為了人著想。塔西一臉懊悔，似乎真為了那些魚感到難過。當我看著他的時候，我心想這份慈悲是怎麼形成的。他告訴我說，佛教其實是一門科學，慈悲心是可以教導的，是可以培養的。就像你可以控制自己不需要性，如果你願意的話。

我問：「難道你從來不想結婚嗎？」

「在家鄉，我有結了婚的朋友，我跟他們的小孩處得很好。但婚姻並不適合我，它意味著麻煩。我搞不定它。」

他毫不害羞地笑了。在我看來，這些話對我或對他自己，都沒有絲毫的隱瞞。他拉過僧袍包住整條手臂、肩膀，說：「我是在十五歲時，第一次起了出家的念頭。」

逼迫塔西不得不出走的貧困生活，出現在喜馬拉雅山上各個高海拔的村落，美麗的田園風光不過是一種假象。超過一萬一千英尺的地方，有一半的山坡地遭到嚴重的侵蝕，沖刷而下的碎石在坡地上留下一條條土石流。我的團隊好像太悠哉了：瑞姆拿起煤油罐猛搖；達布拿著不聽使喚的爐子擋在面前，活像個圖騰；珍珠——達布的馬在前方踱步，背上背著帳篷。在這不毛之地，我不費吹灰之力就可以看到他們，即使他們遠在一英里外或更前面。

我們正進入某個空曠的峽谷。不管是左邊或是右邊，茂密的山麓丘陵外都已不見大片晶瑩閃耀的雪，雪順著光禿的山脊直接衝入萬丈深淵，跟河水融在了一起。隨著陽光愈來愈暗，空氣也愈來愈冷。艾斯沃脫下短褲，改換軍裝長褲，心裡惦念著他的寶貝頭髮（它們看上去就像是犛牛的皮毛）。之前我還覺得呼吸困難呢，可當我們越過一萬兩千英尺高的托利亞山口時，它已經成為一段回憶。這裡的風景實在是太美了。從峽谷側邊湧出來的雲近在眼前，彷彿伸手就可以觸摸得到。高山的積雪堵住了前後的出路，讓人進退兩難，直到它往旁邊滑落，我們才發現有更高的山在盡頭。峽谷的收口愈來愈小。從矮小的灌木叢裡，隱約傳來鳥兒憂鬱的呢喃，不久又恢復了平靜。

在一片寂靜中，商旅跟在列隊而行的騾子和馬匹後面，悠悠地晃過山腰。我們沿著他們留下的足跡——脫落的鞋底、排泄物、潮濕的泥巴（那是牲畜邊走邊拉造成的）、褪色的破衣、壞掉的馬具，一路走了幾個小時。如今住在這裡的全是菩提亞人和土生土長的藏人。有著黝黑、扁平臉孔的男子背上墊著羊毛氈和犛牛皮，額頭上勒著頭巾以固定沉重的貨物。他們到處紮營，山洞裡或是廢棄的羊圈。其中一人突然擋住我的去路，目不轉睛地盯著我看，把一群毛茸茸的迦卜牛（jhaboo，溫馴的印度母牛和野生犛牛的混種）晾在一旁。「他從來沒見過老外。」艾斯沃說。

在河的盡頭，有一條不明顯的彎曲小路向西通往西藏，就在河道愈來愈窄的庫穆其亞河上方。當年旺堆嘉措（Gyato Wangdu，最後一位反抗中共政權的康巴自由鬥士）就是循著相同的路線，帶領著一小隊人馬，前往印度尋求庇護。來自東藏部落的康巴勇士早自一九五六年起就起義反抗中共的入侵，但最後卻落得只能在尼泊爾邊境打游擊，靠美國中情局資助的下場。然而，隨著西方世界和中共重新建交，美國收回了援助，而一九七四年七月，達賴喇嘛更要求精疲力竭的勇士放下武器，向尼泊爾軍隊投降。他們忍辱負重地照辦了，其中有些人選擇了投河或刎頸結束自己的生命。只有他們的精神領袖旺堆，帶著幾名親信，表面上假裝順從，私下卻找機會逃跑。中共和尼泊爾軍隊聯手追捕他，而就在我們剛才經過的那條往西的羊腸小路上，他選擇了一條極端凶險的捷徑，只要跨過了，就能安全抵達印度。眼看只剩二十英里的路程，甚至離邊境只剩五英里了，他卻中了尼國軍隊的埋伏，遭子彈掃射身亡。這支反抗軍的最後一簇火苗熄滅了。

如今在那步道的下方，田地種植青稞和小米的雅里村（Yari）顯得平靜安詳。這是個人口稀疏的小村落，村裡的菩提亞大嬸和她們頭上綁著花布巾的漢子，忙著把田裡的泥土翻鬆，清出石塊，堆在一旁。而遠處地勢較高的山谷看上去就像是一張褐色和綠色方塊交織的地毯，上面還有木製的導管接水下來，方便灌溉。

可惜這美麗的綠洲只綿延了一英里。我們正進入海拔一萬三千英尺（三千九百公尺）高的區域，凜冽的北風灌進後方的峽谷，捲起陣陣的塵土。路蜿蜒在發育不良的灌木林中，路面乾裂成一塊塊土礫。在我們上方，碩果僅存的小溪帶來高山的雪水，把石頭推下了早已布滿頁岩的山坡。牧羊人的口哨聲突然響起，吆喝落後的羊群趕快跟上。

隨著我們爬得更高，展現在眼前的地平線也變得更加迷人。閃爍在峽谷縫隙間的萬年積雪就像是座被孤立的山（其實它們是山脈的一部分），帶來無限的刺激。此時我們已經在娜拉山口（Nara pass）附近紮好了營，心中滿是興奮和期待，因為這一萬五千英尺（四千五百公尺）高的隘道將是我們進入西藏的最後一道阻礙。突然下起冰冷的小雨，我躺在帳篷裡等雨停，並想像明天從山頂眺望到的景色。在這空氣稀薄的地區，邊境的任何風吹草動、一句耳語（即使是事實），都會因西藏所釋出的恐怖氣氛而放大。我知道，早在很久之前，這個被滅亡的國家就失去了一切神話。然而，在這最後一道艱險的關口底下，土地的餘韻、曾經的美好回憶仍兀自吐露著芬芳，並及時鑽進了某個神祕的大洞裡保留了下來。我攤開手邊地圖，看我們離它還有多遠。雨稀哩嘩啦地下著，就像是冰雹打在帳篷上。即使在比例尺比較大的地圖上，這裡離邊境也不過就一根手指寬的距離。

即將進入聖境的心情感動了外國旅人，卻也困擾著藏人自己。好幾個世紀以來，他們一直以為這塊只屬於他們的淨土是隱形的，是無路可進的。香巴拉王國的正確位置到目前還無法確定，有人說它在岡仁波齊峰以北，四周雪山環繞。瑜珈上師相信得走上三個月的路才能到達那裡，可由於路徑是那麼的複雜難記，往往使得朝聖者在深山裡繞來繞去，不得其門而入。甚至有人突發奇想，說香巴拉漂浮在另一個時空，就像通過宇宙的蟲洞一般，人們得穿過喜馬拉雅山的冰門才能踏上那片聖地。狀如八瓣蓮花盛開，花葉之間河水周匝，這個神祕的王國已由歷代國王統治了兩千五百年，諸王深具慧根，住在由珠寶砌成、相當於華麗曼陀羅中心的皇宮裡面。在這裡，沒有所謂的「敵人」、「戰爭」。它的第一任國王由佛陀親自教誨，隨著這個國家的子民變得愈來愈有佛性，他們的國家也就消失在世人的眼前。然而，它的統治者依舊關注著人世，四百年後，當世界即將毀滅之時，最後一位救世主將走出他的聖殿，重新肇建黃金時代。

在西方，即使已經知道香格里拉是小說家杜撰出來的，人們還是願意相信香巴拉確實存在於地球上。十九世紀的匈牙利學者喬瑪（Alexander Csoma de Körös）認為他已經用經緯度正確定位出香巴拉的位置；而在一九二〇年代末期，俄國探險家尼古拉斯・羅爾里奇（Nicholas Roerich）更展開無止盡的追尋，誓言要找到它為止。

這部神話的緣起可能還躺在某個滅亡國度的記憶裡，有人說那是在岡仁波齊峰附近消失於西元八世紀的象雄王國。不過，更有可能是在象雄王國滅亡後兩千五百年，才從印度傳到了西藏。在一部名為《時輪金剛經》（*Kalacakra Tantra*）的神祕經典裡，清楚記述了如何透過精神修煉，使自己進入香巴拉王國。如今這部藏傳佛教視之為珍貴遺產的佛典，讓人們重新燃起了希望。對某些被中共摧毀家園的人來說，它預言著即將到來的救贖。達賴喇嘛相信世上真有一個看不見的香巴拉，並曾多次在公開場合幫信徒施行時輪灌頂。對那些天眼已開的人來說，香巴拉確實存在於地球上，密宗瑜珈上師可經由冥想到達那片淨土。不過，還是有人認為香巴拉是未來的一個王國，將創建於二四二五年，屆時最後一任國王將帶領散播和平的軍隊從他們山上的宮殿走下來，拯救全世界。

此刻還有其他的祕境散布於這個區域。通往祕境的祕密入口，據說就記載在蓮花生大士親手埋藏的典籍裡，將在存亡的緊要關頭重新出土。有些祕境已經被發現了，由偏遠喜馬拉雅山區的民族定居著。在世人眼中，它們只不過是寧靜的幽谷，但對信徒來說，它們閃耀著神祕的光芒，蘊藏著無限的可能。據說，在中共入侵之後，有些喇嘛帶領弟子往西方前進，依照聖典所記載的玄妙指示，找尋這些祕境。最後有些人放棄了，但也有些人據傳走入了懸崖和瀑布中，永遠從人類的時空裡消失。

一個小時後，太陽下山了，一陣強風捲起上方峽谷的塵土，吹入我們的帳篷裡。雨已經停了。在我們下面，最後一段支流因為泥沙淤積的緣故，慢慢消失在往西的路上。光禿禿的山坡突然出現一塊取名為Sipsip的綠草地，上面點綴一些巨石。融化的雪水漫過草地，劃出一條條冰溝，而在我們頭頂的娜拉山口則是烏雲密布。黃昏時分，我往擋住峽谷入口的巨石走去。空氣很平靜、很乾淨。漸漸地，鳥叫聲聽不到了。只有一隻白色尾巴的雀鳥不怕人地從我的腳邊飛起，黑色的蝴蝶停在沙地上覓食。

一整天我觀察到的植物只有勉強在山坡底下生存的金雀花，以及獨自綻放的橘紅色岩玫瑰。連續好幾個小時，我看到的是沒有色彩、逐漸枯竭的土地。然而，此刻在我腳下，突然出現一大片不知名的野花，矮小的灌木甚至還散發出檸檬的香氣。這下就不難理解外國植物學家，比方說法蘭克・金頓─瓦爾德（Frank Kingdon-Ward）和喬治・謝里夫（George Sherriff），為什麼會被吸引過來了。他們為的不過是這瞬間開遍的萬紫千紅，甚至願意冒著生命危險去採集一株乳白垂花報春（Primula eburnea，西藏特有種）或藍罌粟。這就好比北極冰原的春天，你的視線突然從蒼白無趣的群山轉移至長滿各種細緻小花的大地上。白色的銀蓮花開滿了整個灌木叢，深粉紅色的花苞正準備綻放。

傍晚我總算抵達了那塊巨石，它看起來比峽谷還要古老、還要孤獨。我發現上面有些模糊的雕刻，有人從冰天雪地裡找來了藍色粉筆，在朝北的那面寫上了六字大明咒：唵嘛呢叭咪吽。不過刻在上面的菩薩幾乎已經磨蝕了。祂們坐在蓮花座上，浮在半空中，有的托掌向上，有的雙手合十，有的甚至沒有手。這裡之所以有這些佛像，肯定是為了感化前佛教時期的異教靈魂，只是那祈禱的手幾乎已不可辨識，而那頭上的光環也幾乎要融入石頭中了。

第七章

黎明時一群山羊衝進我們的營地，你推我擠地互相踐踏。牠們的主人是來自胡姆拉的商人，戴著圓錐形的帽子、綁著頭巾，正用力地吹響口哨，試圖把在帳篷間亂闖的羊兒叫回。每隻山羊的背上都搭掛著褪了色的馬鞍袋，裡面裝滿了來自西藏的鹽，牠們將往南走上十天至十五天，換了稻米、麥子再回來。

如今這門古老的生意已經沒落，印度出產的食鹽山下就買得到，不過，如果每支商隊的規模都像眼前的這般龐大，還是有利可圖的。這支隊伍的山羊不只長得精壯，還很聰明。每隻的花色都不一樣。皺巴巴的大白臉突然從一團黑裡冒出來，乳白色的毛夾雜著赤褐色的斑點，或是正好顛倒過來。牠們的角更是千奇百怪。有的往上捲，活像是麥芽糖，看上去比牠們的主人還要威武；有的好像被風吹得整個往後撇；有的則是規矩地盤在頭上，像是老式的髮髻；也有的直接就往下垂。不過，沒有例外的，牠們都有一雙傲慢的黃濁眼睛和一副天不怕地不怕的性格，搞得身手矯健的牧羊犬在旁邊奔來跑去，累得半死；而只要羊群走過的草地，很快就會變成光禿一片。

一百年前，這宗買賣曾是胡姆拉地區的命脈。來自西藏鹹水湖的鹽和硼砂（價值等同金子），連同被視為珍寶的藏區羊毛被賣到尼泊爾平原，而當綿羊和山羊組成的商隊返回時，將帶回糧食和英屬印度生產的日用品：煤油、香皂、火柴，甚至是軟呢帽。在一九六〇年代中共封鎖邊界之前，沿路不時可以看到藏區居民兜售羊毛以換取穀物。冬天他們抵達加德滿都，進行寶石交易，而他們跟尼泊爾商人的友好關係可是在岡仁波齊峰和聖湖的見證下由來已久的。

中共的管制破壞了這份長期合作的關係，或使它們轉到了檯面下；來自中國的貨物大量輸入西藏，造成了嚴重的貿易失衡。為了換取中國的物品（包括酒），衍生出木材的黑市交易，而此刻，隨著羊群衝下河谷，揚起大片灰塵和鈴聲的同時，一隻有著三十頭犛牛和迦卜牛的隊伍正迎面走來，扛著松木往山口而去。從犛牛宛如圍簾的長毛底下跨出的步伐是緩慢的、沉重的。彷彿頂不起巨大的牛角似的，牠們的頭低垂著，綁在鬃毛上的鈴鐺沿路叮咚作響。在這海拔高到足以凍死羊群的山口，犛牛是唯一耐得住苦寒的牲畜。而邊界警察呢，要嘛不是被收買了，要嘛就是睜一隻眼閉一隻眼地放整隻隊伍過去。

我們等他們走了才拔營。東邊的峽谷還有些昨夜的零星降雨。雲就像陣陣狼煙飄向前方的山，一會兒聚攏一會兒散開，掩映著峭壁和山脊。在我們上頭，娜拉山口有一半隱藏在迷霧中，步道愈來愈窄，變成了一條沿著山肩蜿蜒的碎石路。我們爬過層層長滿地衣的石塊和頁岩，聽著最近的冰川鬆動下滑的聲音。空氣感覺起來怪怪的，彷彿裡面什麼都沒有。短短三個小時，我們已經爬升了快兩千英尺。這還是我頭一次聽到艾斯沃的喘氣聲，至於瑞姆呢，人家可是聖母峰那邊的人，三兩下就超越了我們，消失在濃霧裡。我試著縮小步伐，大口大口地吸氣。原以為會出現心悸等高山症的症狀，結果啥事都沒有。我們正攻向一萬五千英尺高的山頂，幸運的是，之前的呼吸困難和所引起的痛苦回憶並沒有捲土重來。

一名年邁的菩提亞商人牽著兩頭騾子向我們走來。就在兩方交會的時候，他突然痛哭失聲。他需要藥。伸手指向他剛下來的山口，他一邊猛拍自己的胸膛，一邊大聲地咳嗽著。那聲音聽起來就像是一台怎麼發也發不動的老引擎。我給了他幾顆阿斯匹靈，明知那對他根本沒有幫助。艾斯沃說：「沒用的。」看樣子老人的肺或心臟出了很大的問題。他向我鞠躬道謝，勉強、悲傷地笑了。我試圖擁抱他，給他一些安慰，但他卻趕著騾子頭也不回地走了。

低垂的雲已經飄到了我們後方，突然間我們走在陽光裡，影子清楚地映在腳下。四周的空氣顯得更加稀薄、乾淨。眼前的山景實在是太震撼了，它們看起來好像不是真的，重重疊疊，一山還有一山高，有的如垂直的金字塔，有的如斜凸的雪壁飛拱。北邊納拉甘加爾峰群的雪峰在陽光中變硬了，它正對著我們，彷如冰雕的圓形露天劇場赫然出現在寸草不生的步道盡頭。

天地寂靜無聲，一隻鬍鷲從山口飛了出來，翅膀卻紋風不動。站在下方的我可以清楚看見牠的樣子，那細長、黃褐色的身體就像支黃銅雷管夾在深色的尾翼中間。毋須拍打長達十英尺的翅膀，牠光靠滑行就抵達了底下的斜坡。也許是剛好搭到某股上升的暖氣流吧？牠瞬間消失了蹤影。

我們滿懷敬畏地目送牠飛走，這才繼續往上爬。一陣冷風襲擊我們，就在快攻頂的時候，竟莫名其妙地下起又白又硬的雪來。幾分鐘過後，我們躺在山頂某個圓錐形石堆塔的底下，上面掛滿了褪色、糾纏在一起的經幡。它們成串地橫過步道，在暴風雪的吹拂下劈拍作響。每位路過的旅人都會丟一塊石子到那人造的石堆上頭，順便向鎮守的神祇打聲招呼。四周杳無人煙，雪像是花瓣緩緩落在我們身上。當然，那祈禱的經幡屬於佛教的儀軌，不過，住在這裡的神祇可是比佛教還要古老，還要難搞。叫做「年」（nyen）的幽靈住在山頂，接近天空的地方。那石堆就是為他們而設的祭壇。他們會降下暴風雪、引發雪崩，捲起漫天迷霧。聰明的作法就是獻上一顆石頭。還有一種叫「贊」（tsen）的幽靈，比「年」更難搞定，會從稀薄的空氣裡現身。據說在象雄王國時期，他們十分驍勇善戰，總在紅色皮膚外套上鎧甲，踏遍大小山嶽，發射毒箭。艾斯沃又給了他們一塊石頭，然後我們才放鬆地躺在雪地上。

其實不難透過這些幽靈，了解西藏身為侵略者的歷史。早在幾世紀以前，這好戰的民族就已經在皮膚和臉上塗抹紅土，穿著鎖子甲，走下山口。如此行徑似乎與他們後來給世人的印象（追求心靈和平、與世無爭、政教合一）互相抵觸，不過，這國家早期的歷史告訴我們，其實它的人民酷愛打仗。西元第七和第八世紀，正值唐朝盛世，西藏（當時稱吐蕃）軍隊和盟友土耳其（當時稱吐谷渾）揮軍而下，攻陷千里之遙的東方首都長安。其實西藏早有開戰的打算，而它的軍備也是全世界最好的。唐朝人心懷敬畏地寫道：手持長矛的吐蕃精兵從頭到腳都包覆著刀劍不入的鎖子甲，連他們的馬也一樣。打仗的時候，他們總是勇往直前，前仆後繼。書上寫說，他們一次可以發動二十萬大軍，所有人都期望可以轟轟烈烈地死在戰場上。兩世紀以來，他們霸占了南方絲路的綠洲，最遠甚至到達撒馬爾罕（Samarkand），迫使當時的阿拉伯（當時稱大食）國王哈倫・賴世德（Haroun al-Rashid）與中國結盟共同抵禦強敵。往南他們則攻陷了尼泊爾，越過印度平原，直達緬甸（當時稱南詔）境內。

即使後來佛教在這裡蓋了無數座大小廟宇，僧侶還是習慣用武力捍衛自己的信仰。十四、十五世紀，除了誦經和打坐之外，他們鎮日忙於寺廟宗教的鬥爭，有時還必須與蒙古人結盟，仰仗外來勢力，而達賴喇嘛更是頭號暴力分子（如果他們沒在幼年就遭到謀殺的話），一直到二十世紀初都是如此。旅人對藏族男人的印象通常是暴躁易怒的，動不動就拔出匕首。進入二十世紀中葉，這一帶的強盜土匪手中的武器變成了火繩槍和俄式左輪手槍，成了前往朝聖者的噩夢。

剛一越過娜拉山口，雪就開始變小了。這時，眼前赫然出現一座巨山。萬籟俱寂，只有風灌進耳朵的聲音，就連雪水流動的潺潺聲都消失了。從這裡開始，尼泊爾境內的喜馬拉雅山將節節下降化為西藏高原，而這裡也是最後一面受縱谷鑿蝕的山壁。順著峽谷往北走，將遇到岡仁波齊峰和許多高聳的山峰，它們的山頂因冰川而閃閃發光，凹陷的山脊則裝盛了未融的積雪。

在地平線已經模糊的情況下，我們下到某個突然變寬的河谷，穿過重重險阻並重新現身的卡納利河總算切出了一條狹窄的通道。這裡的地形十分崎嶇。

數百年的季風在越過我們背後的高山時已經耗盡了氣力，而在這嚴寒的外圍只有焦黑的灌木得以存活下來。在我們下面，最後幾道位在尼泊爾境內的粉灰色山溝以非常陡峭的形勢跳入卡納利河，然後才緩步爬升進入另外一個國家。天蒼蒼，野茫茫。在遙遠的西北方，在鈷藍的天空下，敞開在我們眼前的是一塊宛如外星球的不毛之地。此刻我們正注視著的台地曾經是古地中海（Tethys Sea）。四千五百萬年前，由於一系列的地殼板塊運動，印度陸塊擠壓在亞洲板塊的下方，使得中國大陸南邊隆起，形成今日的喜馬拉雅山，而古地中海裡的海水則流光了。如今海洋生物的化石仍存在於西藏高原上，暗示這個世界最高的國家曾經是一片汪洋。

當我們奮力爬下這地殼大變動的斷層線時，新的風景鋪展在眼前。在空氣如此稀薄的情況下，一個人站在十英里外都可以清楚瞧見，我無意中瞥見向西北傾斜、泛著藍紫色的西藏大草原。越過草原，是一條完整的山脈，它照亮整個地平線，就像其上方的花椰菜雲一樣靜止不動；而在遙遠的北方，則懸著兩萬五千英尺高、閃耀於聖湖瑪旁雍錯（Manasarovar）之上的納木那尼峰（Gurla Mandhata）。這靜默的大地就像是一幅彩繪的壁畫嵌入前方的峽谷裂口。為了表現恐怖的死寂，畫家構思出這樣的圖畫。

這國家孤獨得令人害怕。同樣的板塊運動造就了高山環繞的青藏高原，一方面保護了它，一方面也架空了它：喀拉崑崙山在西，黃沙漫漫的崑崙山則橫亙在北。即使在比較不險峻的東邊，綿延幾百英里的荒山也讓西藏不適宜人居。它的幾百萬人口大多集中在東南方比較肥沃的河谷地帶。相較於這些地區，我們即將前往的遙遠西邊，則更為寒冷、乾燥。稀薄的空氣在海拔三．五英里（五千六百公尺）之上形成極端氣候，每每爆裂巨石、摧毀峭壁。太陽的輻射是那麼強，它的熱從地底湧出，捲起陣陣的冷風和將地表磨平的沙塵暴。一天之內可能輪流出現降雪、打雷、下冰雹、出大太陽等各種天候。

我們手腳並用地爬下已經斷裂且濕滑的斜坡，朝邊界走去。頁岩形成的土石流漫過步道，它們的顏色大多是淺灰或膚色。整個峽谷到處是在深色岩塊圍起的擋土牆裡流動的岩屑。光禿禿的山脊就像是被啃得很乾淨的骨頭。偶爾會有亮得像甲蟲翅膀的火山岩擋住我們的去路，甚至我們還蹣跚踏過純白無垢的雪呢。

綠色的卡納利河蜿蜒在我們下方，從我們前面掠過的峽谷出來後，它的流速就變快了。只要稍不留神，就有可能一路下滑兩百英尺，或是直接跌落溪谷裡。終於，踩過一堆很傷膝蓋的大小石頭後，我們抵達河岸，緊接著，進入邊界的屯墾區希薩（Hilsa）。

艾斯沃說，十年前的希薩只是一堆亂七八糟的農舍和帳篷。可如今沿著河岸，到處可見把石頭染成藍灰色的骯髒廢水，以及蓋到一半或廢棄了的住宅，而那搖搖欲墜的木棧便橋已經換成了鋼索吊橋，上面掛著風馬旗和洗好的衣物。人們從橋上把大量的垃圾倒入河裡：來自中國的啤酒瓶、各式各樣的塑膠袋。西藏邊界在遙遠的河對岸，幾百碼之外。中共用挖土機開了一條往下通往卡納利河的路。商旅經過這條橋時都會特別小心，犛牛和迦卜牛才不管蹄下的踏板有多薄，五十英尺深的河水有多湍急呢。罪大惡極的商人把盜伐的木材運往前面地勢比較低的雪珥（Sher）交易站，將它們賤賣，以換取衣物、麵粉和飲料。至於我們這邊的警察崗哨則忙著做私酒生意，根本管不到那裡。

我們找到一家供尼泊爾商人投宿的旅店。還是泥土地板的房間被中庭堆積的牛糞給薰得臭氣沖天，那牛糞是冬天取暖用的。所謂的床就是靠著牆壁架起的幾塊厚木板，木製的馬鞍、破損的馬具全堆在下面。睡覺的時候，不時有孩童骯髒、好奇的小臉從污跡斑斑的窗戶探進來。這戶塔庫里人家是從下游的省份搬過來的，帶上所有的家當（三匹小馬加一頭母牛），希望能在這裡發財。然而他們找到的依舊只有貧窮。這家人顯得無精打采且害羞。做父親的身穿英格蘭足球隊的背心，中國製。他希望能吸引長途健行者的青睞，並幻想商隊能整隊住下來，把他們的牲畜拴在堆滿牛糞的中庭裡，就好像古代的阿拉伯商旅客棧那樣。只可惜我們是唯一的客人，而他的小孩則在泥巴裡玩。

晚上我們跟一群沉默的鄰居坐在主人家的房間，他的老婆一邊煮茶，一邊在套頭毛衣下幫孱弱的小嬰兒餵奶。男主人提到，偶爾他們會被允許帶生病的孩子到對岸的西藏診所就診。他們經常越過邊界，拿東西到塔克拉噶去賣。不過呢，這裡什麼都沒有，沒有診所也沒有學校。「我們等待情況好轉。毛派反叛軍已經走了。他們現在在加德滿都。」他們侷促不安地互看了一眼。「我們從未去過加德滿都。」

就在這個時候，從他家爐子通往屋頂的彎曲破煙囪突然燒紅了，火星噴向木造的天花板，引發火苗。男主人只是看一眼卻不採取任何行動，彷彿早已見怪不怪，女主人則是一把將嬰兒從她胸口拉開，快速爬上屋頂，澆了一桶水在上面。

他們的沮喪開始傳染給我們。我們送了一些咳嗽藥和頭痛藥給他們（他們默默收下，連一聲感謝都沒有），就藉口回到自己的房間。艾斯沃不相信這個地方，瑞姆則用登山杖把門卡死。我躺在木板床上，翻來覆去地睡不著。月光從髒兮兮的窗戶射了進來，照在泥土地上。我看著半圓的月亮移動，心中總算是比較篤定了。再過一個禮拜，月亮就會變圓，昭示著佛教聖月薩嘎達瓦（Saga Dawa）的到來，到時信徒將紛紛來到岡仁波齊峰的腳下。

第八章

一整夜輾轉反側——村裡的狗在垃圾山上嚎叫個不停。我做了一個夢，醒來時卻忘了，只覺得意猶未盡，試圖再入夢卻不得也。清晨的曙光照進伸手不見五指的房間，今天是我們的馬夫達布返鄉的日子。我們像毛毛蟲一樣從睡袋裡鑽出來，瑞姆煮了印度薄餅和煎蛋當早餐，達布恭敬地收下他的酬勞，整個人看起來很開心。他的家鄉位在達拉普里（Dharapuri）的深山中，離錫米科特很近，估計他回到那裡只需三天的路程（可我們卻花了一個禮拜）。話別的時候，根據我的觀察和艾斯沃的精準翻譯，其實害羞的他早就想家了。

「我爸媽在那裡，我老婆也在那裡。我想要快點回到她的身邊，跟她團聚。她是我的朋友。」達布啃著薄餅說道，彷彿他本不該跟我們在一起。

「那你有小孩嗎？」

「我有四個孩子。兩個死掉了。」

我問：「怎麼會那樣？」

「我不知道。一個五歲，一個七歲。我不知道他們為什麼會死掉。」

艾斯沃體貼地從旁解釋：「你也知道，他沒受過什麼教育。」

「最近的診所在好幾座山之外，離我家很遠。」達布說。他看起來困惑多於哀傷，彷彿這是老天的安排，他只能逆來順受。「我的家鄉很窮，很平靜。我家有一塊地，但還是不夠。所以我偶爾會出來打打工，帶著我的馬珍珠……」

我很納悶這樣的生活他能夠忍受多久。

「等我生命的旅程結束，我的責任也完了。到時我就會停下來。」

我握著他的手，好奇有多少人視生命如旅程。

然而他說：「我很快樂。我的生活很不錯。」

我笑著說道：「是啊，你有一張快樂的臉。」他的臉長且滑稽（即使不笑），豎著一對招風耳，頂著一頭亂髮。

他摸著自己的五官，彷彿在確認它們。「不錯。」他說。

我目送他離去，後面緊跟著珍珠。曾有一度他回過頭來，怯生生地舉起手，向我們微笑。站在我身旁的艾斯沃說：「那是一個非常單純的人。」

現在馬走了，我們必須利用對面西藏的交通工具帶我們到塔克拉噶（當地的傳統貿易中心），再前往岡仁波齊峰。只是我們無法單獨穿越邊境。中國政府懷疑隻身前來這裡的旅人都是異議分子或間諜。這國家的孤僻實在是莫名其妙。沒有一個組織比它更難捉摸、更陰晴不定。幸好，在我們後面還有一隊由七名英國人組成的登山隊伍，希望在他們的掩護下，我們能順利通關。這七人隊伍將在傍晚抵達。艾斯沃帶了衛星電話，可以聯絡絡到他們，可他從未把機子打開過。

我們毫不留戀地離開了那家旅店，來到希薩村落外圍，將帳篷搭在廢墟中間的崎嶇土地上，耐心地等著。其實我有一點兒害怕見到那些登山客。在過去的這幾天，我整個人都放鬆了，彷彿一直背負著的文化包袱變輕了。我一點都不希望它再回來找我。我已經習慣把這些山想像成自己的了。

艾斯沃和我在廢棄的屯墾區裡閒晃。少許青稞農地圍繞著這片空無一人的土地，上面的建築物不是蓋到一半就是倒了。一陣怪風捲起陣陣塵土。這裡的居民看來都只是為了在邊界做生意才暫時住下，沒有人在希薩出生。它就蓋在中國廢棄物堆起的垃圾山上：百事可樂的罐子、破運動鞋、香菸盒、拉薩啤酒的酒瓶、生鏽的機油罐。婦女和小孩協力在石頭和垃圾中挖出一條條通道。為了防塵，每個人的頭臉都包得密不透風。話說回來，這是這些天以來，我頭一次看到有輪子的機器：一台小型的中國製牽引機，想必它是從對岸跋山涉水過來的。我甚至還看到了手推車。

我們走到橋邊停下。對岸的中國豎立著嶄新的電纜塔（希薩這邊沒有電力），挖土機的轟隆聲傳來，它正往下鋪一條通往河岸的柏油路。艾斯沃語帶玄機地說道：

「我看了就難過。」

「為什麼？」

「中國人……我們缺少他們的未來。不像他們是個正在發展的民族。」他始終背對著希薩，緊皺著眉頭，彷彿那些破房子羞辱了他的人生。

「也許這個地方被我們給遺忘了。畢竟加德滿都離這裡很遠。連錫米科特都很遠。」

幾星期之後，當我造訪艾斯沃的出生地、位於加德滿都河谷之上的高山村落時，總算有些懂了。在遠山的環繞下，這村莊的梯田種了一畦畦的玉米和蔬菜，滿山的櫻桃和桃子營造出自給自足的假象。一間小小的印度廟宇和一座佛塔比鄰而居。門柱窗框上刻著古老的雕刻，深色交疊的屋瓦讓建物顯得古意盎然，果園裡更有珍貴的爬蟲生物。

艾斯沃的父母在他小時候就搬到了加德滿都，不過偶爾還是會回到村莊度假或是管理他們僅有的農地。話說艾斯沃的大哥比修（Bishu）是個家喻戶曉的大人物，艾斯沃一直活在他的陰影下。比修和一支印度軍人組成的登山隊去攀登聖母峰，成功贏得了「攻頂者」的封號。他在加德滿都的旅行社工作，薪水很高，此外，他還擁有兩間房子和一些土地。每次他從城裡回來，年輕人總是朝他膜拜，老人家則給他熱烈的歡迎。六月的某一天，我和他在河谷上方散發香氣的松樹林裡散步，他告訴我說：「艾斯沃的工作不是那麼穩定，收入也不高。我不知道他會怎麼樣。也許他會回到這裡，種種田什麼的……」

可艾斯沃並不喜歡種田，他想要在加德滿都的都市叢林裡成功。「這裡的年輕人厭倦了鄉下的生活。」他說：「騎摩托車到城裡只要兩個小時，所以他們全跑去那裡找工作，端盤子、當司機，什麼都幹。」

「那農村會怎麼樣呢？」

他說出我已經知道的：農村會變成貧民區，留下來的只有好吃懶做的人、生病的人、老人。整個亞洲都出現類似的情況。有些農村完全由女人撐起，有些則成了缺席地主的包袱。坐落在如詩如畫的深山裡，這些農村變得愈來愈沉默、愈來愈沒有生命力。

不過，那天晚上你還感覺不出這點。年輕人在山坡上用木柴架起火堆，唱歌又跳舞。艾斯沃說他們唱的是古老的印度歌曲，從小就會的。一名患有唐氏症的男子（其實他長得跟身旁圍繞著他的大蒙人並沒有多大的差異）穿著髒衣服，隨著音樂獨自瘋狂地旋轉著。這群年輕人不停地唱歌，拍打他們的丹甫鼓（damphu），直到深夜。在衣錦還鄉的人和歡迎接待的人之間，隔著一條看不見的鴻溝，不過，這條鴻溝終究被從小建立的友誼、令人懷念的古老歌曲給沖淡了。

女孩全都站得遠遠的，或是從暗處害羞地看向這邊。年紀稍大的穿著鮮豔的紗麗。不過，沒有一個，艾斯沃說，沒有一個是他可以結婚的。他重複他的論調：「她們沒有受過教育。」

只有一個，讓他提到她時語氣變得異常溫柔——他那十三歲、留在加德滿都的小妹。「我愛她。希望能讓她繼續讀書，即使我的父母供不起她。我大姊很快就要嫁人了，到時小妹會變得非常孤單。」他對著快要熄滅的營火扮鬼臉。也許他小妹跟他大姊的關係，就像他跟比修的。瞧他說的，好像她是個沒人要的孤兒。「她將會非常傷心……」

他的貧窮似乎只是加深了兄弟間的瑜亮情結。而只有她，是唯一懂得他這複雜心思的人。

七名英國人組成的登山健行隊在傍晚陸續抵達，就紮營在我們旁邊。幸好他們不是什麼熱情活潑的隊伍，而是安靜穩重的中年人。他們大老遠地跑來為的是欣賞美麗的風景，順便挑戰一下自己的體能。大部分都是有經驗的老鳥。連領隊都說他喜歡年紀大一點的隊員，因為年輕人比較不適合這種活動，且不知道自己的極限在哪裡。我們的短暫結盟帶來了很多樂趣。我們坐在搖晃的露營椅上，在炊事帳底下用餐。風把炊事帳的竿子吹得格格作響，甚至把帆布吹到了我們身上。不過沒有人抱怨或是不知足。我們盡情地享受水餃和煎蛋，還有早晨的麥片粥。他們的雪巴在地上挖了個洞，搭建起舒適的帳篷廁所。

傍晚，當我和艾斯沃在希薩橋邊閒晃時，發覺卡納利河已經從綠帶變成了褐色的泥流，大批的羊橫衝直撞，把整個橋面都堵住了，直到一隊犛牛趕走了牠們，我才能過去對岸的西藏一下子。在這邊，在鐵絲網圍起的藩籬下，有一個矮石墩，一面刻著「中國」的中國字，另一面則是刻著「尼泊爾」的尼泊爾文。看來不怎麼牢靠的大門是關著的。我坐在石墩上，一腳踩在尼泊爾，一腳踩在西藏，凝視著我們即將通過的地方，如果明天一切順利的話。

少有西方的旅人從這條隱密的路線進入西藏。他們通常會從西邊的印度入境，那樣比較好走。一七一五年，首位得見岡仁波齊峰的歐洲人，耶穌會傳教士伊波里托．德基德利（Ippolito Desideri），從拉達克出發，捱過雪盲症和咳血的痛苦，終於去到了那裡。要不是他和夥伴在路上巧遇正要前往拉薩旅行的韃靼公主隊伍，可能早就死了。約六個星期後，德基德利在極度震撼中，從酷寒無比、雲霧繚繞的岡仁波齊峰腳下經過。連續好幾天，他寫道，信眾在這裡轉山，因為有蓮花生大士（藏傳佛教的創始者）的加持，使得這些山更顯神聖。幾世紀以前，大士曾在這裡的山洞閉關，至今仍有幾名僧侶在惡劣的環境中守護著這山洞。

歷經驚濤駭浪、互相容忍、互相猜疑的五年，德基德利這好學不倦的人終於得以在藏人之間傳教。然而，一七二一年他被召回了梵諦岡。之後，隨著蒙古的入侵，西藏陷入了偏執和混亂，一七四五年，最後一批傳教士被趕了出來。幾年過去了，這國家的邊界對妄想進入其中傳教的基督徒而言，變得更加牢不可破。有些人相信，一旦這片土地也信了耶穌，最後審判日將會到來。只可惜藏人再也不許西方傳教士深入他們國家的心臟。

德基德利過後的一百年，沒有一個叫得出名號的歐洲人見過岡仁波齊峰。直到一八一二年，性情古怪的傑出獸醫威廉・莫克諾夫特（William Moorcroft）和他陰沉的夥伴海德・荷賽（Hyder Hearsey）假扮成印度苦行者，再度來到這裡。莫克諾夫特對探險還有拓展生意版圖懷有同樣的熱情，他買下五十頭專門生產喀什米爾羊毛的高山山羊，將牠們帶回印度；不僅如此，他還仔細探索了瑪旁雍錯湖，試圖發現是否有印度的大河源自於此。三年之後，他突然從中亞消失，然而他留下的書信資料卻斷斷續續地出現，使得他的死始終是一個謎團。

恆河、雅魯藏布江、印度河、薩特累季河，這些偉大河流的源頭讓倫敦還有英屬印度的人們著了魔，不過一直到二十世紀初，他們還是沒能搞清楚。彷彿是老天爺故意的安排，這四條大河皆源自於岡仁波齊峰附近，跟兩千年前印度教經典所記載的不謀而合。十九世紀中葉，西藏的生態遭受嚴重的破壞，不是因為探險家，而是因為軍人和公務員的監守自盜。英國和西藏官方雙雙違反禁令，帶著他們的僕役偷偷越過了扎斯卡山脈（Zanskar）的山口。在這些非法的狩獵活動中，他們見識到許多壯麗、奇特的地貌風景，然而大部分都沒有記錄下來。對他們而言，大角羊（學名 *Ovis ammon*）或野犛牛更具吸引力，至於西藏的法律，他們根本不放在眼裡。甚至有蘇格蘭的貴族在神聖的瑪旁雍錯湖上划橡皮艇，為此當地的地方官還掉了腦袋。

話說回來，西藏官員驅逐這些外國人的手段，還真是溫和得過分。他們抱怨說弄不好連自己的小命都沒了。就有遊客作證說，親眼看到一整個軍隊的士兵跪在地上求饒，用手劃過自己的脖子，表示說如果他們再不走他們就死定了。就連一意孤行的亨利・藍德（Henry Savage Landor）——壞脾氣詩人藍德的孫子，在眾人想方設法營救他出來未果之後，也只是被打了一頓而已。倒是他自己寫了一篇文章，大肆渲染他在西藏所受的苦難。

這個時候，唯有印度的學者能一窺西藏的真實樣貌。這些人接受英國政府的訓練，假扮成商人或神職人員。你以為他們正虔誠地數著念珠，其實他們正在丈量距離；而他們的轉經筒裡藏的可是用密碼抄錄的資料。一九〇四年，英軍在揚赫斯本（Younghusband）的率領下，用武力殘酷打開了西藏的大門，不過，外國人的旅程並沒有變得比較順利。一九〇七年，瑞典探險家斯文・赫定（Sven Hedin）——一個自以為是的傢伙，用計闖了進去。他花了十五個月的時間，走了幾千哩路，穿過綿延往東的山脈，深入西藏腹地，成為首位找到印度河源頭並完成岡仁波齊峰轉山之舉的歐洲人。

當然，早在幾世紀前就有旅人進入這個國家，只不過他們都很謙卑——朝聖者從未留下任何紀錄。冰天雪地，盜匪猖獗，騎著瘦馬和犛牛的他們脆弱不堪，唯一能保護他們的只有他們的貧乏。有些土匪自己也要去朝聖，有些則按照慣例把搶來財物的一部分獻給山神。一板一眼的日本僧侶河口慧海（Ekai Kawaguchi）在岡仁波齊轉山時發現，一名罪大惡極的土匪兼殺人犯正對著聖山懺悔，不僅為已經犯下的罪行，也為即將犯下的罪行。

說到河口慧海，在描寫自己於一九〇〇年的朝聖之旅時，他算是史上第一個最具觀察力的人，儘管他可能是個間諜或宗教狂熱分子。歷經幾番劫難（其中包括被一名大漠女子奪走了貞操），他終於見到岡仁波齊峰。他對著聖山磕了一百零八個響頭，詩興大發之餘，更瘋狂轉了四天的山。

不過，還是印度朝聖者描寫的旅程最為精彩。晚了河口慧海十八年，印度教的尊者，身材有如女孩般纖細的哈姆沙尊者（Bhagwan Hamsa），在岡仁波齊峰得到了救贖。跟河口一樣，他也是吹牛不打草稿，幾度死裡逃生，什麼眼鏡蛇啦、鬼啦、發情的瘋狂大象啦、淫蕩的山地婦女啦全讓他遇到。在岡仁波齊峰，他不小心跌進一名瑜珈師修行的冰洞裡，在裡面住了三天，期間他只喝水，晚上就枕著瑜珈師的膝頭睡覺；然後在結冰的聖湖旁，越過最高的山口，他看到他個人尊奉的密宗大師的幻影，在祂的面前，他感覺自己神祕地昇華了。後來葉慈（W.B.Yeats）幫他的遊記寫了篇精彩的序，在〈須彌山〉（Meru）一詩中描寫山中隱士「夜宿積雪之下的洞穴」，終究會戰勝自己的幻覺。

西藏始終如此神祕，旅人大可將它想像成普世奧義的避風港。與古埃及的共通處是上天注定的（有些學者仍醉心於這樣的想法），甚至有人傳言它是亞利安人的源頭、老祖宗，使得希特勒的支持者對它另眼相待。西藏的現況可能是悲慘的，不過，它的過去是可以被淨化的。就連早期的耶穌會教士都懷抱著夢想，以為自己正深入一群失去信仰的基督教徒中。畢竟達賴喇嘛和教宗一樣，享有無上的尊榮和權力（卻也陷入政治困境），差只差保護他的不是神聖羅馬帝國，而是天朝中國。佛教也有三位一體的神，度母、觀世音，就好比西方的聖母馬利亞。新教徒的知識分子於是譴責羅馬天主教徒和佛教徒，說他們同樣搞偶像崇拜、拜聖人遺物，就連規定僧侶不得娶妻、燒香、灑聖水、配戴念珠等儀軌都一模一樣。最奇怪的是，彷彿在嘲笑聖餐禮似的，最古老的西藏宗派（苯教和寧瑪派）仍保有「生命開光」（life-consecration）的法事，儀式中祭司會將大缽內的啤酒和麵糰分遞給眾人。

這個，或許是十六世紀時曾深入中亞的景教流傳下來的風俗。一千年以後，印度教的修行者從北方帶回無法考證的報告，說有基督徒住在瑪旁雍錯湖附近，讓人們對祭司王約翰（Prester John）所建立的傳奇王國仍存在於亞洲內陸的說法，重新燃起了希望。

傍晚時分，一名老人步履蹣跚地走過希薩橋。他的兒子，一名年輕的僧侶在旁小心伺候，一手環住他的肩膀，一手托著他的手肘，領著他緩步走向尼泊爾。橋晃動得厲害。老人家看起來十分威嚴，身穿用中國絲線刺繡、羊皮滾花邊的大褂。他凝望著岸邊，在那裡他們找到了落腳處，一間有圍牆但陽台隨時都會崩塌的小客棧。

不久，一群人圍在一起盯著南邊的山脊猛瞧。我隱約看到兩隻岩羊一閃而逝的身影，那是一種罕見的藍色山羊。昏暗中，我勉強認出牠們踩在灰白岩石上的黑腿和向後撇的角。那名年輕的僧侶也馬上跑了過來，查看發生了什麼事。他的英語不太流利，他說他是從西藏逃出來的，現在在印度的德拉敦念書。他再也回不去了（說這話時，他拉了拉橘色僧袍以化解尷尬），不過，每年他的父親都會越過邊界在胡姆拉待上四天，他們就約在這三不管地帶碰面。每年他都在想這會不會是他們父子最後一次渡橋。

我想起那年春天我遇到的另一名僧侶。他的寺廟隸屬於格魯派（Gelugpa），達賴喇嘛領導的教派，寺廟呈階梯狀的美麗花園坐落在加德滿都的河谷之上。他生得蒼白瘦小，感覺我好像跟一隻鬼在走路。布穀鳥在我們腳下的河谷中叫著，不過，加德滿都的郊區已經擴展到山腳下了，鋪挖公路的噪音從雲霧中升起。跟希薩的僧侶一樣，那名僧侶還很年輕，他之所以揮別過去，也是礙於中國的邊界。

他說：「十一年前，我們全家一起前往拉薩。我的父親存了些人民幣。我們用走的，身上沒帶證件。當時我十歲。到了拉薩後，我爸媽把我交給其他六個人，然後就回去了，我再也沒有見過他們。我們一行人偷偷地越過草原。我記得，偶爾我會下來走，偶爾有人把我頂在肩頭。那段旅程非常艱辛。十一月的寒風刺骨。我們總共走了一個月又十天。我不記得我們是怎樣睡覺的。沒有親人陪在我身邊，我無依無靠。後來我把他們全忘了，成了一名僧侶。」

「你不會再回去嗎？」

「如果我回去，中國政府會逮捕我。我曾經在加德滿都的中國大使館外示威，被拍了照片。我的臉肯定出現在他們的檔案裡無數次了。在邊界，他們光靠我們的藏族姓氏就可以認出我們。」天空下起了毛毛雨，但他完全沒有知覺。「我媽現在五十四歲，我爸則往生了。我還有兩個姊姊在那邊。年紀小的那個我已經不記得了。不過，我曾經跟我媽通過電話。」

「這已經算不錯的了。」我在想，她這輩子對他而言就只是個聲音而已。到底，他的父母把他送走，是因為太窮養不起最小的兒子？還是有意放他自由？

他只說：「我不知道。」在我們後方，小沙彌正從教室裡跑出來，嘻嘻哈哈地打鬧在一起。「現在我的家人是這間寺廟。它是我的家。我的父親、母親、兄弟姊妹全在這裡了。」

第九章

我被騾子在垃圾堆中翻找食物的聲音吵醒，牠們正津津有味地嚼著硬紙板。吵醒我的還有降落在河岸旁、揚起漫天塵土的尼泊爾警用直升機。同業間的成規規定尼泊爾的腳夫得把我們的行李扛過橋，然後再由西藏的腳夫接手。滾滾的黃泥水在橋下轟鳴著。圍起邊界的鐵絲刺網因為羊群又踩又鑽的已經殘破不堪。當我們通過敞開的門進入西藏時，烈日正高掛在萬里無雲的晴空之上。眼前不見半名執法人員。我們坐在兩頂帳篷外的岩石堆上，等候做豬流感的篩檢。

隨著時間一分一秒過去，我的心情愈來愈沮喪。原以為過了無人聞問、髒亂不堪的希薩，便可以看到不一樣的景象，可如今這份期待也落空了。太陽快把人烤焦了。在我們旁邊的卡納利河因為前夜的沙塵變成了黑色。我開始害怕邊界已經封鎖了，就像去年北京奧運前夕發生暴動時那樣，無預警地說關就關。況且令中共緊張不安的達賴喇嘛流亡五十週年紀念才剛過而已。

直到中午，依舊不見任何警察或是檢疫人員現身。不久傳來了消息，說是有一名印度朝聖者死在了岡仁波齊峰，他們正把他的遺體運下來。心平氣和的，我們繼續等待。一名印度婦女前一天搭乘直升機到來。此刻她就坐在我們旁邊，胸口劇烈地起伏著。她說，她已經去過岡仁波齊峰五次了，只是她的肺虛弱得厲害，再也無法爬山了。這次是最後一次，她特地帶上她的前夫，一個沉默寡言的男人，總是躲在墨鏡和灰色大鬍子的後面。我感覺得出她想告訴他一些事。

一小隊腳夫費力地從遠方走來，用陳舊的軍用擔架抬著屍體。三名印度長者隨侍在旁，不過，並沒有人呼天搶地。那個男人，很顯然的，是唯一的罹難者。其餘的腳夫攤開一張中國人用來包東西的塑膠帆布，在上面灑了消毒水，同一時間，一群西藏婦女蹲在附近，正互相梳理彼此的頭髮。屍體三兩下被倒進了帆布裡，臉用一塊棕布蓋著，一隻胖嘟嘟的手垂盪了下來，手腕處套著一只金錶。這時一名印度人拿出一卷膠帶，腳夫用膠帶把屍體纏緊，直到它幾乎要豎坐起來。一群築路工人就在旁邊走來走去，而西藏的婦女則繼續梳妝打扮。終於，屍體被抬上橋，運走了。

那印度女人沒好氣地說這種事經常發生。她的政府只受理小型旅行團的申請，想參加的人得經過抽籤。抽到籤的人從印度北部的北阿坎德邦（Uttarakhand）進入西藏，先慢慢地適應水土，然後再做身體檢查看是否合適。很多人都被打了回票。

「不過，私人旅行社才不管那麼多呢。」她說：「他們根本不做任何檢查，來者不拒，只要有錢賺就好。」她冷冷地凝望著河的對岸，送葬隊伍正緩步地走向直升機。「那些在切結書上簽名的人不知道這趟旅程有多凶險。岡仁波齊峰是濕婆神的聖山，多數朝聖者都是來自南方、來自低海拔地區，比方班加羅爾或是孟買的印度教濕婆派信徒。除了自家的樓梯，他們哪爬過什麼山？況且有些人的年紀還很大。」她偷偷瞥了她的前夫一眼，他看起來不太高興。「就連我們自己都衝得太快了——幾小時就爬升了一萬兩千英尺。」

三名檢疫人員連同警察、入境事務官同時抵達。他們全是中國人，行禮如儀、一絲不苟。

頂著大太陽，我們在他們的營帳外排隊站好（我跟七人登山隊在一起），然後再一個接一個地被叫進去，填寫奇怪的健康問卷：**最近這一個禮拜之內，您是否曾和豬有過近距離接觸？除了狗和貓以外，您是否飼養其他的動物？**……他們要我們把溫度計夾在腋下，好測量體溫。臉上硬擠出笑容的他們，相較於當地人毫不掩飾的熱情，顯得拘謹許多。衛生、教育、基礎建設，他們也算是中國送給西藏的禮物之一。他們身負防止祖國分裂的任務。在這窮山惡水的高海拔地區，他們替一群不知感恩的人服務。在他們來之前，就已經被教導：這裡曾實施最殘酷、最黑暗的封建農奴制度，人民的平均壽命只有三十六歲，衛生習慣差、酗酒，且多為文盲。洗腦是一定要的。檢疫人員帶來很漂亮的黑色公事包，我們的健康資料被歸檔在裡面。

就連警察都是一副冷冰冰的樣子，即使在搜我們行李的時候。他們的橄欖綠制服和大紅色肩章在髒亂的環境中顯得特別神聖威武。隨著這幾天累積下來的雜物（舊襪子、筆記本、藥、保暖內衣褲、送給孩童的小玩具）一股腦兒地被倒在長椅上，我開始擔心我那寫得密密麻麻、龍飛鳳舞的日記。一名臉色紅潤、手戴手術用手套的軍官逐一檢查它們。幸好他看不懂英文，何況那些手寫的字只有螞蟻大小。唯一引起他興趣的是某間佛寺的宣傳小冊子，上面有僧侶的照片。他在找有沒有達賴喇嘛的照片，此人的肖像總是陰魂不散地到處出現。他的手指不安地撫過照片上一張張蒼老、帶著微笑的臉孔：梭巴仁波切……倫珠喇嘛……。途中他詢問另一名軍官，然後兩人一起審視某張照片的祭壇上立著的一小張照片。照片裡的照片，那會是他嗎？就一張戴著眼鏡的笑臉，看得出來才有鬼！

披著袈裟的狼，中共這麼稱呼他。然而對藏人而言，他乃大慈大悲的觀世音菩薩轉世。每天他得花四小時的時間做宗教的功課，然而他卻拒絕他的子民過度迷信，把他當作神明崇拜。他只是個普通人，一個過客。那和平愛好者的形象替他的國家帶來神聖的光環，不過，沒有一個中國人願意承認這一點。西方熱情接待他，對他感到好奇；至於中國呢，對任何有形的組織，甚至對達賴辦公室始終抱持懷疑的態度，認為它們全是政治騙術。

最後印有微笑喇嘛照片的小冊子終於還給了我，一個小時之後，我們坐上等候在旁的豐田越野車Land Cruiser，同行的藏人導遊為我們披上白色哈達以示歡迎，之後車子駛上鋪滿碎石的道路前往塔克拉噶。在我們後方是峰峰相連到天邊的喜馬拉雅山，前方則是沉寂古老的大地。空氣稀薄的情況下，所有不必要的東西都已經被燒光。我們經過一處被熱風烤焦的台地。放眼望去，地平線的盡頭一半是蔚藍的天空，一半是焦糖色的不毛山坡。路上沒有半個人。我們經過兩個警哨、一個廢棄的碉堡，並橫渡已經乾涸的卡納利河支流。科迦寺（Khojarnath monastery）的粉牆在我們背後逐漸遠去。自從去年在北京奧運前夕發生暴動以來，中共的防備更嚴了，我們被禁止入內參觀。

車子行駛了十五英里後，我們進入了塔克拉噶。我困惑地看著寬敞、半淨空的街道。它們幾乎是沉默的。這就是西藏，我告訴自己，我人在西藏。不過，這也太荒涼了。一千年前，塔克拉噶可是某獨立西藏王國的首都，而它那舒適的窯洞更成為僧侶和行商者的家。印度朝聖者和尼泊爾商人在這裡收購米、棕櫚紅糖以及來自平地的半手工藝品；杜立巴人（Drokpa）拿珍貴的羊毛和鹽來交換，康巴族人（Khampa）則出售茶磚。

可如今它就像中國其他的邊境城市，只見蕭條。新文明的前鋒改變了市容，現代化、如棋盤般整齊的街道上，充斥著中國郵政（China Post）、中國農業銀行（Agricultural Bank of China）、中國移動（China Mobile）等大樓。在這裡，藏人開的商店（特色是塗白的外牆和堆滿層層柴火的屋頂）跟中國人開的餐廳、髮廊比鄰而居，不過，沒有一間像是有在做生意的。大而深的房屋內部不透半點光，有些似乎早已人去樓空。穿著制服和膠底帆布鞋的士兵駐守在李飛俱樂部的門口，因為這裡可是邊境軍事重地，而警車則呼嘯著穿梭過大街小巷。

我們抵達一處大宅院，在這裡旅客被安排住進大通鋪或是一點也不溫馨的套房裡。大宅院的門上用漆塗了防堵豬流感的警示標語。我們肯定回到了鄧小平尚未主張改革開放的年代，當時外國人和中國人被隔離開來，更不用說藏人了。我們的行李再度被翻倒一空，我們的通行證再度受到軍方嚴格的檢查。自從去年發生暴動以來，他們變得更緊張、更專制了。

傍晚我走在刺骨的寒風中。越過這些街道，在看不見的河流之上，那古老的市集散布在懸崖之下，我拿著指南針試圖找到它，卻迷失在死巷、坍塌的圍牆、水泥營房組成的迷陣中。終於出現了幾棵柳樹，讓人眼睛為之一亮。在我的腳下，是落差極大的卡納利河峽谷，質地柔軟的油灰峭壁被融化的雪水切割出一道道凹槽，裡面布滿了窯洞，如今還有人住在裡面。在它們底下，被一扇扇窄門和加了鐵條的高窗分割開來的白色藏族民房，竟顯得不可思議地完整。我滿心雀躍地走過搖晃的吊橋，期望能看到鬧哄哄的景象——印度人、尼泊爾胡姆拉人、藏人正你一言我一語地討價還價，地上堆滿了捆好的羊毛、一座座岩鹽小山。

然而，我來到的是個鬼城。雖然有些人家的門口還有著五顏六色的壁畫，但大部分皆已人去樓空。房間破損，窗子被封，掛簾的遮板搖搖晃晃就快脫落了。我順著斜坡往上走，經過寂靜的商店街，一陣冷風從西邊吹了過來。這裡連個鬼影子都沒有。宛如置身非現實的夢境般，一座破損的撞球檯豎立在飛揚的塵土中。

我詢問附近的藏族婦女，這是怎麼一回事？可她們的中文比我還破，很難問出個所以然來。她們說，夏日市集已經停辦了兩年，被中共禁止了。她們比了比我背後的新市區，一切都移往了現代化的社區。笑容裡滿是無奈。

一道瑪尼牆，約有一個人那麼高，一直延伸到街尾。幾千塊刻著字的暗紅色石頭堆疊在一起，頂端還擺了漆成紅色的犛牛頭骨。很顯然地，這道牆保護不了什麼，也阻止不了什麼。它代表藏人最虔誠的信仰，是用來繞行禱告的（雖然已遭廢棄），嵌在裡面的轉經筒曾不停地轉動著。

再往前走，可看到蓋在懸崖旁的貢不日寺（Tsegu，又稱「懸空寺」或「古宮」），白色粉牆上開了好幾個黑洞，是窗戶和敞開的門。長廊突出於陡坡之外，下方用柱子斜頂著，樓梯倒是往裡面挖得很深，泛黃斑駁的露台有時縮在岩石後面，有時又露了出來。

我吃力地爬上這搖搖欲墜的宮殿，穿過一道又一道的門，對著空無一人的院落呼喊。偌大的院子裡只立著一根旗竿。經過漫長的等待，終於有一顆光頭從上面探了出來，隨即又縮了回去。我大喊是否可以入內參觀，竟沒人理我。

不會吧？難道他們都這樣對待外來的遊客？我在漸逝的光線中蕭瑟地等待，風吹得露台上的經輪叮叮作響。小心翼翼地，那顆頭又探了出來，然後又縮了回去。不久，其中的一扇門打開了。那位僧人看起來很年輕也很害怕。他說的話沒一句我聽得懂。他帶我從其他門進去，順著貫穿岩石的步道走，爬上狹窄陡峭的鐵梯，我們來到伸手不見五指的洞穴中。就這樣，我摸索地走過一間又一間密不透風的內殿，天花板全被燈油的煙給燻黑了，縫隙裡還塞了人民幣。牆壁上掛著神聖的旌旗，大部分皆已褪色、破損，在這些旌旗的後面也許是十三世紀被視為珍寶的神龕。只可惜光線不足，加上灰塵太厚，我根本看不出壁畫的圖案是什麼。

在中央的誦經堂裡擺著供僧侶禱告的長椅還有住持的座位，跟大寺裡的那些相比，它們簡直就像是玩具模型。不過年輕的僧人倒是一臉得意，彷彿有多了不起似的。他指著一座座神像，告訴我祂們的名字——其實因為他的口音，我大都有聽沒有懂。這些雕像靜坐在裂開的土壇上，藍色和橘色的身體纏滿黃色的布條。黑暗中，在不明火光的照耀下，祂們的臉顯得俗艷無比：廉價的首飾、突出的眼睛、紅艷的嘴唇。有時候祭壇下的一排燈火眼看就要熄了，卻只有一個僧人在照管。這尊是釋迦牟尼佛，這尊是蓮花生大士，他指給我看。蓮花生大士死白的臉上留著八字鬍子，而祂雌雄同體、塗著金漆的明妃緊緊纏附著祂。

我一直逛到傍晚時分，才又過河回到大宅院睡覺。在我身後，懸在河谷上方的謎樣峭壁逐漸為夜色所吞沒，而在更遠的高處，曾經風華一時、如今已然頹圮的香柏林寺廟遺址（Shepeling）矗立在星空之下。六十年前，這極具影響力的隱密道場雄踞在山頂，緊鄰著當地首領（普蘭王）的碉堡。裡面住著一百七十名僧侶，還有一所學校、一間大圖書館、四百多幅珍貴的唐卡。一九六七年，文化大革命期間，中共的大砲摧毀了它，如今只剩斷垣殘壁供人憑弔欣賞。我後來聽說，一些僧侶偷偷跑了回去，然而並無法改變殘破不堪的景象，彷彿它在警告世人說，這就是以後山下那些城鎮的下場。

打一九五〇年起，中共的血腥鎮壓讓這片土地受到了嚴重的傷害，接著發生了文化大革命，一切舊的東西都被破壞殆盡，更是重創了西藏的命脈。歷經無數次的批判、鬥爭，所有佛教的古物和遺跡全沒了。佛像被斥為守舊、古板的象徵，被丟進了公廁裡；佛經變成了鞋子，讓那些遭到唾棄的僧人穿在腳上。一九七六年底，曾經多達六千間的僧院和佛寺只剩下十三間。

北京政府得投入多少有形的資產才能扭轉這根深蒂固的佛教文化？同樣的

東西，藏人奉若神明，中國人斥為迷信。當中國人在拆除香柏林的寺廟時（連同珍貴的佛經和六十英尺長的絲綢掛畫也一起遭殃），他們說他們已經把陳腐的害人巫術，像是住持喇嘛用來喝酒的骷髏頭，被視為聖物的某英雄的睪丸等等，徹底剷除了。

第十章

我們的越野車沿著顛簸的山路往北走。在我們旁邊，雄壯的喜馬拉雅山遮蔽了天空，前方則是無垠的黃色荒漠，卡納利河緩緩地流過這片荒漠，逐漸變細枯竭。高兩萬五千英尺、自喜馬拉雅山分割出來的納木那尼群峰雄峙在東，帶來獨一無二的好天氣，我們的藏人司機開始哼起歌來，儀表板上那張喇嘛加持過的照片隨著車子晃個不停。

西邊有個叫東要（Toyo）的村落，十九世紀讓西藏人聞之喪膽的征服者就葬身在那附近。印度將軍汝拉瓦・辛格（Zorawar Singh）替結盟的錫克帝國出兵，接連攻下拉達克和巴提斯坦，替現代的印度確立了其中一段疆界。一八四一年的春天，他帶領五百名士兵離開喀什米爾，一路勢如破竹。在塔克拉噶附近，他擊潰了由八千名精兵組成的西藏部隊，卻在志得意滿之際，犯下了致命的失誤：他同幾名親信親自護送夫人回拉達克的基地。就在回程途中，一支由漢人和藏人組成的聯軍在東要附近發動狙擊，他帶去的人也全數陣亡。

他是如此傳奇的人物，據說只有純金的子彈才能扳倒他。死後他的屍首被千刀萬剮，掛在當地的城牆上，就連他身上的毛髮，那宛如「老鷹羽毛」覆蓋全身的毛髮也被當成幸運物給拔光了。每隔四年，香柏林大佛寺都會舉辦密教的儀典祭拜他的睪丸，直到文化大革命的砲火摧毀了它。在東要曾有一座石墓埋藏著這位將軍的骸骨，不過，當印度的朝聖者在一九九九年找到石墓時，只剩瓦礫一堆了。如今藏人重新將它整修成一座佛塔，上面掛滿了風馬旗，持續為偉大的征服者祈福。

隨著我們愈往上爬，天空就愈藍愈亮。從納木那尼峰流下的雪水在山下灌溉出一小塊碧綠的牧草地，在一片荒漠中顯得特別耀眼。沿途我們經過築路工人的帳篷，還有一座化為塵土的碉堡。不到一個小時的時間，我們就爬升了三千英尺。不時可見屹立在荒野中的寺廟，牧人茫然地凝望著遠處的山巒。然後在一萬六千英尺高的地方，許多石堆和旗幟遮住了地平線。我們爬到達拉冬山口（Thalladong pass）的制高點，就此被震懾住了，出現眼前的是地球上不可思議的一幕。在我們下方，只見一彎深不見底的靜謐，是盈滿視野的巨大湖泊。它靜止不動、坐落在不毛高原上，顯得如此聖潔，實為大自然的鬼斧神工，而它的顏色更令人驚嘆，乃鮮豔的孔雀藍。沒有一隻鳥或是一株被風吹動的灌木發出聲響。平靜無波的湖面輕輕地被山托住，彷彿懸在半空中，倒映著岡仁波齊峰的雪峰。

在這令人屏氣凝神的時刻，朝聖者每每哭喊出聲、跪地禱告。就連跟我同行的登山客也從越野車裡跑了出來，目不轉睛地看著眼前的美景。全世界彷彿只剩下幾個顏色：沙的土黃色、雪的純白色、天空的水藍色。除此之外再也沒有其他。岡仁波齊的南面有一道山溝，遠望過去像是長而陡峭的階梯，那些神佛恐怕都是爬那個上去的。岡仁波齊峰在五十英里外的荒涼土地上發光。四周死氣沉沉，這整個區域可能遺留自某個神聖的史前時代，免於人類的污染破壞。我們已經進入了聖域。

話說我們眼前的湖更是大有來頭。它名叫拉昂錯（Rakshas Tal），意為「鬼湖」，裡面住的是印度的邪魔。在它周圍沒有任何廟宇，唯一一座已經在文化大革命時被拆除了。朝聖者不敢接近它。相較於隔壁象徵光明、陽性的聖湖瑪旁雍錯，陰性的拉昂錯被認為是黑暗的、危險的。據說這湖上常有強風、浮冰作祟，湖底四周皆為高山，湖水是黑色的毒水。不過呢，一隻金魚不小心從瑪旁雍錯游到了拉昂錯，開闢出一條水渠（Ganga Chu），於是光明的湖水流入了黑暗的湖中，解救了它。對信徒來說，拉昂錯的水乃不祥的象徵，而瑪旁雍錯的水則帶來心靈的富足。

我們慢慢地走下山口，有那麼一小段時間，看不到湖的蹤影。不過，幾分鐘之後，另一種藍出現在我們東邊，它比剛剛那個更藍——我們正朝瑪旁雍錯前進。當我們經過一間印度人開的旅店時，我突然感到莫名的恐慌，難道連這麼荒涼的地方、連這世界最神聖（全世界有五分之一的人崇拜它）的湖也受到污染了嗎？終於它展現在我們面前，完好如初。像拉昂錯一樣，它的湖水透明清澈，卻是一種更純粹的鈷藍，重重雪山俯瞰著閃爍的湖水。海拔超過一萬五千英尺（四千五百公尺）的瑪旁雍錯，是世界最高的淡水湖之一。闊達兩百平方英里的面積，使朝聖者每轉湖一次就得走上五十四英里路。沒有生物攪亂潔淨的湖水，只有不知從哪裡吹來的微風犁出一道道波紋，彷彿有看不見的船剛從上面走過。

事實上，這裡既沒有船隻行走，也沒有人在湖裡釣魚。甚至有一段時間，在這神聖的區域連打獵都是不可能的事。同車的旅客繪聲繪影地說，他們曾遇上一整群藏野驢（我只看過一頭，一溜煙就不見了），還有一點都不怕生、站得離你很近的土撥鼠和野兔。不過，就算是現在，當我們來到湖畔的時候，還是可以看到鼓動翅膀飛下來休憩的雁鴨，和大搖大擺在帳篷（綿延湖畔數英里）附近走動、築巢的水鳥。

從我們紮營的地方，如果你站在鳥兒中間，將看到一整個湖展開在眼前。在湖的南端，納木那尼峰逐漸傾斜的雪峰倒映在東岸，而在另一頭，越過層層起伏的棕色山巒，則是高聳入雲的岡仁波齊。這兩座高山隔著湖遙遙相望，夾在它們中間的一汪靛青顯得恬淡原始。藏人叫它「錯瑪旁」（Tso Mapham），意為「永恆不敗」；或是「仁波切」（Rinpoche），意為「最珍貴的」。空靈寂靜的湖水遠望有如一顆藍寶石。佛教和印度教的經典都說這座聖湖是宇宙的起源。一陣大風把湖裡的水吹向全世界，而在湖中寤寐、接近永恆的毗濕奴則施展神蹟，從中變化出萬物。就地質學來說，此湖的獨特性更是無與倫比。因為喜馬拉雅山的隆起，古地中海裡的水幾乎被排光了，而瑪旁雍錯就是那僅存的碩果。

對印度教徒而言，神山與聖湖神祕地結合在一起，神山那有如陽物高聳的雪峰剛好呼應了聖湖那有如陰道幽深的湖水。早在西元二世紀，史詩《羅摩衍那》（*Ramayana*）便已記載了西藏高原，說岡仁波齊峰就擺在聖湖旁邊，其上並鋪展無邊無盡的黑夜。人們說，瑪旁雍錯乃神靠意念創造出來的東西，產自最初的覺知。而在更早之前，一群先知來到這裡拜祭在岡仁波齊峰上冥想，既是毀滅之神也是重生之神的濕婆。為了讓他們能夠淨身洗浴，諸神之首梵天用祂的意念生出這些靈性之水。於是這湖變成了神的休憩所。有時濕婆變成一隻金色天鵝悠游其上。在湖的中心，肉眼看不到的地方，龍王菩薩和他的子民靠食生命之樹的金色果實維生，得以長生不老。演變至西元六世紀，在著名經典《往世書》（*Puranas*）裡，瑪旁雍錯湖已經變成盡善盡美的天堂。從龍宮下方長出的生命之樹枝繁葉茂，遮住整個天空，而湖上更飄揚著美妙動聽的仙樂。

佛陀的母親就是用這聖潔的湖水沐浴，因此才懷了佛陀；而龍王菩薩更是在此教化他的水中龍族（klu），使印度教和佛教的傳統能完美地融合在一起。當佛陀和五百羅漢朝岡仁波齊峰飛去時，龍王在湖上幫祂們安放好了黃金寶座，而印度教的天鵝正引吭高歌表示歡迎。

你不妨沿著湖畔尋找祂們留下的足跡。東邊陳列著一顆顆碩大的巨石，閃亮如寶石。在我們後方，峭壁上被遺棄的坑洞是淘金者留下來的。他們因為在神聖的土地上開發，導致天花疫病降臨。據說一百年前曾有人在這裡挖到一塊形狀像狗的金子，卻因擔心會觸怒神明而把它放了回去。可怕的傳說把湖裡寥寥可數的生物全數神化、妖魔化。當地人說，湖裡的草可治百病，而只要焚燒被浪打上岸的魚屍，就可以藉由它們發出的香氣驅趕邪靈。讓垂死之人喝下湖水，可以讓他們的靈魂順利進入天堂；把沙子塞入死人的口鼻，則可以避免他下輩子轉世為畜生。

我學朝聖者順時鐘繞湖而行。太陽發出聖潔的光芒。沙子是灰色的，踩起來很舒服。在海拔一萬五千英尺高的地方，空氣顯得特別稀薄，我的心跳加速，但腳卻不自覺地往前跨去。在這空曠的地方，距離似乎比想像中來得遠。我試圖朝前方的岬角走去，可兩個小時過去了，我還沒走到那裡。物體看上去比較近，卻也比較小。偶爾冒出的一兩聲吱吱或啾啾只更突顯此地的寧靜。沿著碧藍湖水和黃色大地相接的吃水線，蹼雞和燕鷗安居於此。拜聖湖所賜，把牠們慣得一點都不怕人，從不因我的闖入而飛走。無意間，我已經踏入水鳥的棲息地。黑頭鷗成群結隊地沿著湖畔踩著小碎步；鷸鳥涉行於淺水中，而紅腳鷸則在旁邊的爛泥裡覓食。靠近岸邊，有好幾對赤麻鴨正在梳理紅棕色的羽毛，並用溫柔親暱的聲音呼喚著彼此。我忍不住想往水裡面走，因為有幾隻鳳頭鸊鷈穩穩地坐在牠們用樹枝編成的筏子上。十碼外，牠們尖銳的喙子、黑色的冠羽、棕栗色的翎領，彷彿伸手就可觸摸得到。有時牠們潛下水，有時則幽幽哀鳴著。

隨著我繞過岬角，一陣微風吹起，小小的浪花不斷地拍向岩石。就在前方不遠處，散落的白色巨石發出奇特的光芒。這令人眼花撩亂的景象令我異常地興奮、覺得不真實。二十英里外的納木那尼峰照亮了湖水。在我腳下，石板被整個撬開掀起，上面刻了經文。如今已無從得知這是哪位僧侶或信徒的傑作。沿著字形石頭被一點點裁削，上面印著已然風化的浮雕：唵嘛呢叭咪吽，六字真言一再重複，宛如深深的嘆息。那些石板無言地倒向聖湖，或是倒向當地雨神的家——由傳說中在那兒得道的國王命名的納木那尼峰。

在我上方的峭壁頂端，出現了斷牆還有坍塌的石造佛塔。我手腳並用地爬上一座沙丘，卻只發現殘破的房舍和艾草的香味。我突然想到這些是迦吉寺（Cherkip，意為金鳥）的遺跡，相傳佛祖和祂的信徒曾降臨此地朝岡仁波齊峰膜拜。四十年前這座寺廟毀於文化大革命。當時有八間小佛寺等距離地沿著湖岸分布，宛如一幅曼陀羅，每間佛寺都代表著佛教生命之輪的一支輪輻。所以朝聖者每轉完湖一圈便等於輪迴了一次，藉以得到解脫。這些遭受蹂躪的佛寺有六間後來重建了，不過人潮卻再也回不來了。其中迦吉寺的規模更在一百年前萎縮到只剩一名僧侶，每日晨昏，這名僧侶都會對著空盪的湖水敲擊無人聽聞的銅鑄大鐘。

說起來印度教徒對聖湖的信仰最為虔誠。不過，大多數人早在很久之前就已放棄轉湖（parikrama）的儀式。也許是因為瑪旁雍錯源自於梵天的意念，祂提供的極樂世界是短暫的，所以他們習慣往濕婆的住所——岡仁波齊峰尋找最後的解脫、永恆的平靜。不過，人們對在湖畔沐浴這件事依舊熱度不減，他們相信這樣做可以洗淨前世的罪孽。

越過廢墟，我來到綿延近百呎長、高踞在湖泊峭壁上頭的瑪尼牆。以岩石為底，一塊塊石頭隨意地往上堆疊，有些上面刻了很漂亮的經文。看來就連紅衛兵也無法徹底搗毀這龐然大物，僧侶們花了幾年的時間重新把它修復後才離開。如今，這些石頭奇妙地鋪滿寂靜的大地，其外表或呈灰藍色，或呈灰綠色，比黑板還要光滑。此刻湖裡的浪發出沙沙的聲音，更用力地拍向岬角，風吹得更猛了。

當我終於走到矗立著白色巨石的岬角時，才發現那根本不是什麼岩石，而是一座座晶瑩的冰山。我試著摸摸看，又冰又凍，嚇了我一跳。在六月驕陽的照射下，它們依舊堅硬如鋼。這肯定不是一朝一夕形成的。我怎麼忘了，一直到五月，這整座湖都會是浮冰角力的戰場。在冬天，湖水會結出一層厚厚的冰，因為本身的重量，冰層會週期性地破裂、坍塌，最後裂成一塊塊六英尺高的藍綠色大冰柱。七十年前的冬天曾於此地修行的印度教修行者普拉那凡那達尊者（Swami Pranavananda）寫道：湖岸邊大雪肆虐，掩埋了許多人畜，就連藏野驢都被凍死了。在水比較淺的地方，數以百計的魚受困在透明的冰塊裡，天鵝和牠們的小寶寶也被碎掉的破冰左右夾擊，無路可去。在冰塊融化之前，有好幾天的時間，湖上充斥著各種聲音，有時聽起來像是人的哀號，有時又像是樂器的聲音。冰磚和冰柱互相推擠、往上堆疊，不久湖面出現了好幾道六英尺深的裂縫，體積達五十立方英尺的冰塊就這麼被推擠上岸。就像我在這受傷的岬角所見到的，每一座都直挺挺的、比我還高，不可思議地完整。

距離我的帳篷一哩外的地方，有一座像是蟻塚的獨立小山。這裡的土石崩塌得很厲害，不過上面卻有一間蓋在岩縫和洞穴裡的即烏寺（Chiu，意為小鳥）。白色的佛堂和房舍看上去就像岩石一樣古老。碎石路和階梯蜿蜒其中，而綁在石標和圓石上的風馬旗則在山頂上飄揚。

山腳下有個精瘦的身影，原來是廚子瑞姆。他獨自一人在那附近徘徊，凝望著佛寺，眼底泛著困惑或不安。我忍不住問他是信哪個教的，結果他說：「我的族人根本沒什麼信仰。他們窮得要死，」他害羞地說著不流利的英文：

「分不清楚自己是印度教徒還是佛教徒。在我的家鄉，這些全混在了一起。」

「你們總會有廟吧？」

「曾經有一個喇嘛試圖在那裡蓋一間廟。他將一半的牆全部貼上了唐卡，然後就再也沒有錢做其他的了……」

瑞姆的家鄉很偏僻，他說，遠在聖母峰的東邊。他的父母年紀都大了，母親六十七歲，父親六十二歲。「我爸他病了，經常會感到胸悶、胸痛。我媽倒是還很硬朗。他們種了些青稞、蔬菜和人家交換稻米。這就是我們的生活。」他硬擠出笑容，「我還有個小女兒……」

「那你太太呢？」

「我太太她二十五歲。」

我說，半開玩笑地，試圖化解尷尬：「那你們還來得及多生幾個。」結果他很嚴肅地回答我說：「不，我們不想再生。對我們來說，一個就夠了。在尼泊爾，家裡的人口愈多，意味著生活愈困苦。」

我飛快地思索這出人意表的答案：艾斯沃四十歲前不打算結婚，瑞姆不想再有一個兒子。風把我們頭上的經幡整片吹鼓了起來，太陽正緩緩下沉。我說：「你要進去裡面逛逛嗎？」

他卻回了我一句：「我沒有什麼好求的。」轉身就走了。

崎嶇的小路蜿蜒在掛著風馬旗的峭壁和岩縫中。我順勢往上爬，來到一個院落和一間寺廟的正殿，裡面有個年輕的和尚正在念經。一百年前，瑞典探險家斯文．赫定曾在附近的楚古寺（Trugo monastery）考察所謂的濕壁畫，認出上面畫了湖神騎著粉紅色的馬，而魚神則從浪裡跳起來歡迎祂。魚神的頭竄出千百條蛇，身體則逐漸變細成海豚尾巴。不過，現在我看到的一切全是新的（濕壁畫沒能躲過紅衛兵的毒手），年輕和尚暫時停止念經，指了另一條小路給我，示意我離開。這條小路就在懸崖的下方。接近黃昏，湖的顏色變深了，不過岡仁波齊峰依舊閃耀在湖的上方，上面飄著淡淡的雲。

一名僧侶突然出現在我前方的路上，等著我。他留著鬍子，看起來很虛弱，臉被風刮得又乾又裂。他先是打開一道錫門，上面標註著「2」，話說這門都快跟絞鏈分家了。錫門之後還有一道對開的門，鮮豔的朱紅色在岩牆上非常顯眼，門扇上有黃銅浮雕，掛滿各色布條。穿過這道門，迎接我的是熟悉的黑暗。我幾乎看不到腳下的路。深邃的山洞頂棚很低，上面還有被煙燻黑的痕跡。微弱的燭光搖曳著。我勉強看出神龕裡安放的蓮花生大士塑像，祂的手裡握著閃電。

這是他修行的洞穴。人們相信西藏最偉大的聖人在明妃耶喜·措嘉（Yeshe Tsogyal）的陪伴下，在這山洞裡度過了人生最後的七天。然後他得到了「虹光身」，只留頭髮和指甲在人間，而他忠貞的妻子則定居下來，著手撰寫他的傳記。在我身旁的老和尚一邊念念有詞，一邊用半瞎的眼睛瞪著我，可惜我看不懂他在幹嘛。一度他指著神龕裡擺在大士旁的某尊雕像，然而我只看到一個灰灰的藍色影子，並在一長串中國話裡聽出「耶喜·措嘉」這幾個字。

在洞穴的最深處，在光線晞微的地方，有一塊長得像腳印的石頭掛在牆上。躲在煙霧還有祭品的後面，那石頭隱隱發光。感覺它好像懸在某塊經幡的下面，然而當我碰觸到它時才發現，它本是岩壁的一部分：是一塊凸出的、長得像草鞋的石頭。那僧侶早忘了我，只顧對著它誦經念咒。蓮花生大士似乎在西藏各地都留下了類似的足跡，有了他的加持，這些地方皆成為修行的聖地。

大士誕生在一個充滿傳奇的時代。西元八世紀（也許），他來自今日巴基斯坦一個名叫斯瓦特（Swat）的地方，當時那裡的佛教遭受到嚴重破壞。同樣的情況也出現在西藏，古老的教派苯教重新恢復了勢力，佛教日漸式微。然而，大士的出現拯救了這一切。根據史料記載，其生平充滿了神話色彩，與佛陀不相上下。他出生於蓮花之上，為北印度某國王的養子，在流放途中得到了開悟，經常出沒於密宗瑜珈師修煉的火葬場（屍陀林）。在西藏他得到諸空行母（dakini）的護持，並跋山涉水，調伏了諸王與難纏的鬼神。曾經有兩次他免於成為火葬的祭品，把淋在柴薪上的麻油變成了水，涼爽地安住在火焰形成的湖泊之上。凡他走過的地方皆留下特大的手印和腳印。最後，本為阿彌陀佛轉世的他證得了不死成就，並預先留下許多珍貴的授記、法教，以便後世取藏；此外，他還撰寫了《度亡經》（*The Book of the Dead*）。

寧瑪派，藏傳佛教最古老的教派，推崇他為第二佛祖。我曾在貢爾班拜訪過該派的佛寺。他們說，是他把這國家失去的佛法重新發揚光大，而他們則是他最正統的傳人。

不過，愈是年代久遠的史料，關於蓮花生大士的描述就愈是平凡。彷彿他只是西元八世紀前後入藏的印度瑜珈師的其中一人。即烏寺，就是我對著他草鞋印跪拜的那間，可能還不滿三百年的歷史呢！而最早史料所記載的聖人，不過是一位四處流浪的江湖術士，根本調伏不了任何人。

當然，這點對住在即烏寺的噶舉派僧人絲毫不是困擾，就好像沒有聖徒會懷疑基督教信仰一樣。慢慢地，老人帶領我走出傳說中蓮花生大士住過的山洞，我放了些錢到祭壇前面。從老人滄桑的臉孔和遲緩的動作，以及他那些師兄弟在廟裡念經的聲音，實在很難判斷這些僧侶到底是有智慧還是懶散。

對外國人而言，這是經常會碰到的情形。早在中共占領西藏以前，遊客所描述的佛寺就已經是呆板僵化、缺乏生命力的。一百多年前，日本僧人河口慧海就曾被他們的放蕩隨便（經書被撕下，拿來當廁所的衛生紙）嚇到；而花了數年時間訪遍五十幾間佛寺的普拉那凡那達尊者則說，其中只有兩位喇嘛是他所尊敬的。

不過，當老人看著我的眼睛，對著我念念有詞且微笑時，我忽然很想知道他在說什麼。西方人對西藏古老智慧的浪漫幻想襲上我的心頭。他的聲音聽起來刺耳且低沉。我無力地回望著他。是否有什麼重要的訊息藏在那看似單純的眼睛後面呢？我用很不流利的中文問他，可他並沒有回答我。我看向一整排沾滿灰塵的《甘珠爾》和《丹珠爾》佛經，試圖從上面找到使用過的痕跡；不過看樣子它們不是拿來讀的，而是拿來供著的。

錫門在我背後伊呀地關上，老和尚走了。黃昏的天空很冷很清澈。昏暗中，我看向下方那條由金魚開鑿、解救了拉昂錯的水渠。當然，水渠的水多或少是由龍王決定的；它的存在不僅促成了（或失敗）兩湖的神聖交流，更預告了西藏的未來。在中共解放這個地方的三十年後，水渠的鹽分逐漸上升，水量也愈來愈少。如今，它再度從我腳下的瑪旁雍錯的淺灘緩緩滲出，慢慢流向位在西邊的拉昂錯，只是那水始終沒流進去。河床邊，正咕嚕咕嚕冒著泡的溫泉蓋起了露天浴室，供朝聖者洗浴。不過，水渠裡的水幾乎是不動的。嘗起來微鹹且流量不穩的水流，一派悠哉地往低處的蓄水壩流去。

這間歇性的水流一向是探險者的噩夢。在追尋印度諸河的源頭時，他們吃盡了苦頭。即使現在，印度河最大支流薩特累季河的源頭依然不斷在改變，有時說是源自這裡，有時又說是源自岡仁波齊峰西南的小溪流。印度教徒特別相信，這些河是神刻意創造出來的，而古老的《往世書》更記載，世界四大河分別源自神祕須彌山的四個坡面。神聖的恆河本身就是從天上來，在它分成四股，從須彌山奔瀉而下之前，曾蜿蜒流經濕婆束起的頭髮和梵天的宮殿。

因為一次巨大的地理變動，岡仁波齊峰緊密地與須彌山接合在一起，而印度次大陸的四條主要河流也都發源於頂峰方圓七十英里內。卡納利河，恆河海拔最高的源頭，此刻正往我們西邊流的那條，其上游遠在拉昂錯再過去。藏人幫這些河取了響叮噹的名字，他們叫恆河的上游為「Magcha-khambab」，意為從孔雀嘴裡流出來的河，簡稱「孔雀河」；而薩特累季河則是「Langchan-

Khambab」，意為從大象嘴裡流出來，簡稱「象泉河」。至於西藏人稱獅泉河的印度河，其源頭為散落在岡仁波齊峰北面的許多小河；而馬泉河——布拉瑪普得拉河（即雅魯藏布江），則是由默默無聞的冰川向東發展而成。這兩大河流從岡仁波齊峰分開後，各自綿延了兩千英里，就像一把大鉗子把整個印度次大陸夾在中間。沿途它們貫穿了喜馬拉雅山脈，形成險峻的峽谷（雅魯藏布大峽谷乃世界第一大峽谷），最後才往南流向寬廣、沉睡的河口。印度河沿著狹長的巴基斯坦，流入阿拉伯海，水裡仍夾雜著西藏和喀拉崑崙山的泥沙；而布拉瑪普得拉河則在以紅樹林和鱷魚聞名的世界最大三角洲與恆河相會後，才注入孟加拉灣。

這些河流的源頭困擾了探險家好幾個世紀。諷刺的是，第一個去到岡仁波齊峰的歐洲人，耶穌會教士德基德利卻是其中計算得最準確的人，在他之後的一百五十年，無人能出其右（雖然他弄錯恆河源頭的位置）。就連吹毛求疵的威廉・莫克諾夫特都曾被突然消失的瑪旁雍錯水渠給矇騙過。

不過，真正征服這整個區域的探險家非冷面無情的斯文・赫定莫屬。受到虛榮心的驅使，他一生都在扮演大英雄的角色。他不允許任何事來破壞他的計畫，就算是法規禁令、攝氏零下的溫度、人畜的傷亡等因素也一樣。一九〇七年，在違法的情況下，他偷偷從東邊繞到瑪旁雍錯湖，把地圖上西藏那六萬五千平方英里的空白給填補了。途中，他帶去的騾子和馬匹全死了，只剩下六頭存活。終於，當他看到瑪旁雍錯的藍色湖水時，忍不住哭了出來。之後，他花了一個月的時間，沿著湖畔進行瘋狂的調查。讓藏人傻眼的是，他竟然找來了一條小船，在湖上泛舟。他們說，湖神一定會把他拉下去。藏人相信，瑪旁雍錯湖的中心隆起，就像一面透明的凸鏡，即使赫定有辦法划到湖心，也一定會被大浪所吞噬。不過奇的是，赫定不但在上面划得好端端的，還花了幾個小時順便把瑪旁雍錯和拉昂錯的水深都測量了。他一心以為自己是第一個在當地划船的人。其實，早在五十年前，蘇格蘭佬就在上面划過橡皮艇了，還害死了當地的父母官呢。

後來，他回到了歐洲，大肆宣揚他的發現，說他找到了印度諸河的源頭，還有他稱之為外喜馬拉雅山區（Trans-Himalaya）的祕境，只可惜曾經力挺他的機構——倫敦皇家地理學會（世界首屈一指的地理研究機構），這次竟給了他無情的批判。他姿態強硬地提出抗議，卻只得到部分的認同。他們說，唯有他對印度河源頭的界定是無庸置疑的（雅魯藏布江的位置早在四十年前就被一支狩獵隊伍誤打誤撞地發現了），但他主張的新祕境什麼的，根本就是對喜馬拉雅山的褻瀆。

英國人冷眼旁觀赫定因為妄自尊大而毀了自己的成就。之後，赫定抑鬱寡歡、憤恨不平地回到斯德哥爾摩，卻因為在一次世界大戰公開支持德皇威廉二世（Kaiser Wilhelm II），二次世界大戰公開支持希特勒，而失去了瑞典同胞對他的愛戴。雖說他也曾經拯救被關在集中營裡的犯人，卻始終不改對納粹政府的同情。就這樣，他的名聲、威望日漸下降，及至一九五二年他去世時，幾乎是默默無聞的，只留下畢生研究的成果給對他不諒解的國人。

第十一章

深夜萬籟俱寂，只有水鳥睡夢中的囈語劃破了湖面的寧靜。天空布滿了星星，薩嘎達瓦（藏曆四月，佛教聖月）大月亮皎潔地照在四周的帳篷上。印度教徒說，那些亮晶晶的星星是天上的神變的，祂們隨時都會下來瑪旁雍錯湖裡沐浴。後來一位印度朝聖者告訴我說，晚上她不時被莫名的閃光和怪聲吵醒。

接近黎明時分，我呼吸困難地在一片紅光中醒來。放眼望去，湖水彷彿著了火一般，天空則透著火紅到淺黃的漸層色彩。這光景很容易讓人聯想到世界末日，以為就要有什麼災難發生了，或至少這是神在昭告世人聖月的到來。我走出帳篷，因為某個不記得的夢而心神不寧。在遙遠的南方，納木那尼峰上頭烏雲密布，感覺那個區域還籠罩在漫長黑夜裡。沿著湖岸，鷺鷥和鷗鳥在融化的雪水中或漂或站，牠們有一半都還在睡覺。

我沿著湖畔逐步往南，天空也一如往常地逐漸反白。紅腳鷸飛掠過沙洲，黑頭鷗則在淺灘上跳來跳去、七嘴八舌的。懸在我上方的峭壁布滿坑洞。幾百年以來，修行者對著偉大的聖湖沉思，醉心於它孤獨的力量。這裡到處都有他們留駐的痕跡。我爬上峭壁，發現某個用石頭堆疊架起的入口。洞裡是空的，一半的頂棚鋪著木板，三條許願的圍巾還挺新的，就披在外面的石頭上。

在更上一層的陡坡，我瞥見一道矮門，用抹過灰泥的石頭堵住洞口。一群野鴿因為我的到來四散飛起，蔚藍的湖水在下方閃爍著。一片薄門險險地掛在山洞的入口，曾經固定住它的鐵絲已經腐朽、化為塵土。我試著把身子擠進去，忽然覺得很不舒服。據說還有瑜珈士住在湖周圍的洞穴裡，迦吉寺那邊前不久才有個尼姑剛離開。我凝視漆黑的洞穴，突然害怕會不會有人死在裡面。靠著摸索，我發現深深嵌在岩壁裡的生鏽爐灶，它的煙囪搖搖晃晃地伸向某個刻意鑿開的孔。顯然這洞穴已經被遺棄了。它的頂棚黑得發亮，令人聯想到地底的煤礦坑。空氣中布滿灰塵，唯一聽得到的聲音是下方湖水晃動的聲響。在更裡面、一塊架高的岩板上，我意外地發現一袋米、一袋鹽，以及一支沒有電池的手電筒。旁邊地上還擺了一小包虔誠從湖畔收集而來的帶著鹹味的泥土。這令我了解到，不管誰住在這裡，他都打算要回來的。不過，那應該已經是很久以前的事了。

欲了解山洞主人的身分，唯一的線索是靠牆擺放、從裝麵的紙箱撕下來的硬紙板。硬紙板的上方用膠帶草草黏著幾張僧侶的照片，下方則掛著「二〇〇〇年尼泊爾心靈回歸法會，紀念偉大的噶瑪巴喇嘛蔣貢康楚」的宣傳單，蔣貢康楚（Jamgon Kongtrul）喇嘛已於一百年前圓寂。

所以，這名隱士有可能是噶舉派的，此派僧人從小便開始修行，過著嚴苛的禁欲生活。我從山洞的入口往下看，幻想他正爬上峭壁朝我走來，然而湖畔根本空無一人。住在這靜僻荒涼之地，有助於瑜珈士增強他們的力量。然而他們並非完全孤獨。其艱澀難懂的教派、教法，以師徒相承、口語傳授的方式，一代一代傳承了下去，而在被遺棄的山洞裡，先哲的聖光始終護佑著他們。該派近乎巫術的修行是從印度傳過來的，最早可追溯至八世紀，後來更成為藏人的主要信仰。他們修的法稱為金剛乘（vajrayana，又稱密宗、密乘），金剛二字原為電光，具相的表示則為金剛杵，取其堅利，能斷除一切煩惱無明之意；至於他們的經典則是人稱密續的密傳法本。密乘的瑜珈士，不管是僧眾或在家眾，皆為宗教的菁英，不過他們修的是一種危險且神祕的法，以為光靠一世的修行，成就者便能跳脫輪迴，直接進入涅槃；這對一般佛教徒而言根本是天方夜譚。

甚至有人主張，一切經驗不管多平凡或是多不凡，都對證悟成佛有所幫助，於是想出一大堆稀奇古怪的方法來考驗自己。蓬頭垢面的成就者出沒於火葬場，把自己扔進死人堆裡，或是藉由縱欲、酗酒、殺生來得到解脫。反正一切皆是虛幻，眾生皆有清淨佛性。也許在世人眼中，他們是淫亂的罪人。印度蒙兀兒王朝的皇帝阿克巴（Akbar），對宗教最寬容的統治者，就曾放任象群把他的密教瑜珈士踩成肉醬。

不過，這經典的修行方式（因中共的迫害而中斷）最終還是做了嚴苛且寂寞的自我改革。在上師的引導下，沙彌選定一位佛陀或明王——本尊（yidam）作為修持的對象，並觀想自己與本尊合而為一。通常這本尊如果是明王的話，畫裡的他就會跟他的明妃交合在一起，就像頁爾班的住持所講的：此乃智慧與慈悲的結合。經過數月甚至數年的專注觀想，修行者開始覺得自己與本尊無異，甚至成為其曼陀羅的主人。當他的佛慢升起時，他在曼陀羅中所經歷的一切都像是真的。有時本尊自己也會相應住在裡面。瑜珈修行者或早或晚也能隨心所欲地讓圖像出現或消失；漸漸地，他可以隨心所欲地化身成佛。心理上，他的外表、語言（不斷重複的真言），甚至意念都變成神佛的。他體會到他的身體是神祕大宇宙中的小宇宙，世界就是一幅曼陀羅。正襟危坐的他，與須彌山同步、規律地呼吸著。終於他覺得自己的身體愈來愈透明，與佛陀融為一體，是時候該離開了。

「世界消失了。這是屬於我們的平靜。」

在加德滿都佛寺的院子裡，和藹可親的僧人塔西修習密乘已經有三年的時間，他拒絕稱它為哲學或信仰。「我們沒有上帝。」

神佛的任務就是引導人們證悟成佛，一旦人們成佛，也就不需要祂們了。他將雙手一攤，試圖對我解釋：「我把它想成科學。每個人都能做到，你也能做到。」

我試著想像那種情況，可一些不好的字眼偏偏閃過我的腦海：避世遁俗、自我催眠、不起分別心、早死不長命。密宗重的是修持的方法，塔西說，不是深奧的理論。你必須親身經歷才能了解，雖然那時候想回頭可能已經來不及了。

他說：「在禪修的過程中，你找到我們所有人都在尋找的最終平靜，它凌駕於所有偉大的力量之上。一旦你開始尋找，是的，你將會知道只有笨蛋才會放棄。放棄只會讓你失去更多……變得一無所有。」

不久他將展開為期三年的閉關，他非常渴望那天的到來。「我大可回到我的家鄉不丹，在那裡找間茅屋修行什麼的，不過，我的家人可不會讓我清靜。」他笑道：「他們恐怕無法理解，為什麼我規定他們一個月只能來看我一次……」他一直不知道他要去哪裡閉關，這得由他的上師決定；其實閉關的時候，他觀想這位上師的時間要比觀想本尊來得多，他得想像他是位佛陀。「這是我們的規矩。縱使自己的上師不怎麼樣，你還是要尊敬他。」

從我們旁邊的佛寺傳來連綿的誦經聲和澎湃的擊鼓聲，聽起來就像是有力的心跳聲。相較於基督教聖歌的刻板旋律，這節奏分明的深深呢喃已經不再是禱告，而是宇宙的吶喊。十呎長的大號角緊跟著響起，彷彿有一頭巨獸正在地底下翻騰。

突然塔西說道：「如果我可以跟你去岡仁波齊峰的話，我會選擇留在那裡。留在那神聖的地方，享受永遠的孤獨。」

我懷疑有多少修行者能在岡仁波齊峰生存下來，塔西根本搞不清楚狀況。「不過，你不是要去了嗎？」他說：「我想應該沒事的。這段旅程將澄清你的心智，賜給你力量。朝聖的功德將會迴向給死去的人……讓他們得到福報。」

「是嗎？」我的聲音聽起來有些急切，怕他只是在安慰我。「真的可以幫助亡者嗎？」心裡某些根深蒂固的信念動搖了。在我小時候，聖公會是不幫死者舉行彌撒或向神懺悔的。理由是死者不值得接近或是討好。

不過，塔西卻用比較仁慈的傳統作法去化解因果報應的無情。「是的，我們所做的善行會迴向給他們。如果你展開這樣的旅程卻心無所求的話，那它算是白費了。」

他總是那麼地單純、務實。我想他對衝突的包容力遠大於我。又或者，對他而言，世界根本沒有什麼是衝突的。有時他會搔著剃得發亮的光頭，興味盎然地看著某樣東西，手指頭還發出像是撕紙的聲音。後來有兩隻母牛從附近的建築工地晃到了我們的院子裡，塔西只好走開哄牠們回去。

我從瑪旁雍錯上方的隱密洞穴出來，正好看到一群雁鴨安靜地朝東低飛而去。我再次回到湖岸，這時天空晴朗無雲，岡仁波齊峰聳峙在湖的北岸。那倒映在澄淨湖面的峭壁雪峰，指引著世世代代的出離者。佛教徒說它的守護神乃狂暴的勝樂金剛（Demchog），其冰砌的宮殿就在山頂。他被描寫成殘忍嗜血的惡魔，頭上戴著骷髏做成的冠冕，多隻手上分別揮舞著三叉戟和鼓等法器，他的明妃金剛亥母（Phagmo，帕嫫）四肢緊緊纏繞著他。話說這暴躁易怒的守衛只能嚇唬無知的人。他壓根就不是本地的神祇，而是濕婆在密教的化身，他的曼陀羅就是岡仁波齊峰本身，裡面共有六十二位女神服侍他。於是他消失在自己的山裡面，而山也擁有了他。

岡仁波齊峰的形狀（聳入雲霄的漂亮圓錐體），可能早在亞利安人入侵的西元前一千五百年的泛神信仰時代，就受到人們的崇拜。後來印度的典籍把它的主峰比喻為碩大的陽具或豐滿的乳房。然而在早期亞利安人的心裡，它未來的主人濕婆，乃領導叛徒和騙子的落難君主，讓人避之唯恐不及。一直到最早的史詩《羅摩衍那》、《摩訶婆羅多》（*Mahabharata*）才嘗試性地把濕婆放在岡仁波齊峰的山頂，並頌揚須彌山為遺世獨立的神祕國度。當時喜馬拉雅山區被奉為神的領域，為凡人所畏懼，只有少數的苦行者敢穿越其中。對他們來說，找到河的源頭就等於找到了偉大的神，而河流引導他們來到岡仁波齊峰。早在第二個千禧年剛開始的時候，濕婆在印度教徒的頂禮歡呼聲中登上神山的峰頂。就這樣，岡仁波齊峰變成了傳說中的須彌山，闖入人類的世界，成為盡善盡美的天堂。沿著山勢一層層往上，分別為眾神佛居住的宮殿。宮殿的迴廊裝飾著珍珠，神聖的象群在檀香樹林裡奔馳，處處仙樂飄揚。再下來則為人間，洞窟裡住著虔誠的隱士，芬芳的樹林裡有等待重生的死者。由於這山乃大千世界的縮影，所以人間之下當然就是地獄了。從地底的深淵，不時有惡鬼跑出來向神挑釁，發出淒厲的哀號。

濕婆，端坐在山頂上冥想，依舊不改被放逐時的壞脾氣。他是破壞和再生之神，神祕主義者和流浪者的保護人。他的臉因為塗抹死人的骨灰而呈現青色；他的舞蹈讓宇宙形成也讓宇宙毀滅。他帶給人們希望，卻也是反覆無常的。只有瑜珈士可以暫時安撫他的情緒，他們想像他的身體跟須彌山（岡仁波齊峰）結合在一起，藉以宣洩這超自然的能量。

古老的典籍描述喜馬拉雅山神的女兒帕爾瓦蒂（Parvati）愛上了濕婆，試圖用嚴格的苦行和永恆的美麗勾引他。經過數千年的努力，她終於成為他的shakti——陰性的能量，他倆在山頂的結合象徵著宇宙兩極的和諧。不過帕爾瓦蒂就像她的丈夫一樣善變。有時她叫烏瑪（Uma），意為光明、純潔；有時她又是黑女神時母（卡莉），在達克辛卡莉的女神廟裡我曾被她祭品的鮮血浸濕了鞋襪。

不管是哪位神管轄著這座山，須彌山是世界中心的概念已經深入亞洲。甚至有穿鑿附會者硬是把古代的蘇美文明、巴比倫的金字塔和它扯在一起。印度教的廟宇極盡所能地模仿它神妙的外形，因為它也是眾神的居所。西元八世紀，開鑿艾洛拉（Ellora）的玄武岩壁而成的凱依拉沙（Kailasa）神廟，寄託了人們對須彌山的嚮往；建於西元前三世紀的桑奇（Sanchi）佛塔也是一樣。特別是南印度濕婆教神廟屋頂上的金字塔狀尖塔，象徵的就是層層往上的高山，而他們儲蓄儀式用水的水槽則代表著瑪旁雍錯。至於在西藏本地，佛塔原是須彌山的縮影，每間佛寺的門板都畫上了岡仁波齊峰的雪峰。而東南亞的柬埔寨則直接仿照須彌山的外形來建造宏偉的廟宇，吳哥窟本身就是一座大須彌山；至於緬甸國王的須彌山造型皇宮則是為了替其暴政贖罪。

在我爸去世的兩年後，為了轉移我媽的注意力，我帶她去印尼的爪哇，探訪世界最壯觀的佛教遺跡群——婆羅浮屠（Borobudur）。這山頂的佛寺坐落在層層火山灰和茂密叢林中，直到一百年前才重見天日，其結構共有九層，呈螺旋形一層一層往上。我們沿著每一層的台階走，欣賞上面謎樣的雕刻。下面幾層台階主要描寫的是佛陀出家前的俗世生活和傳奇故事，不過，隨著我們繼續往上，就越看不懂雕刻的內容了。我們在迴廊的巨大符號前流連，往上層的同心圓佛塔爬去，象徵從塵世通往極樂世界。幸虧有火山灰和叢林的保護，裡面的浮雕才能完好如初。你從右邊看到左邊，順時鐘繞著台階走，彷彿在進行某種複雜的參拜儀式。這石造的小宇宙由西元八世紀的夏連特拉（Sailendra，意思是「山帝」）王朝所建。偶爾我媽會停下來，大口喘氣。那時我還不知道她年輕時心臟曾經受損。她從未提起過，或許連她自己也忘了。不過，現在年紀大了，心室的纖維性顫動讓她的呼吸變得急促。

懷著度假的好心情，她半開玩笑地說：我們就要證悟成佛了。站在頂層的露台，我們往下俯瞰霧中的叢林，她的呼吸總算平順了下來。沿著頂層的迴廊，有七十幾座佛像端坐在多孔的舍利塔中，凝視著外面。「所以這就是極樂世界了……」她說，彷彿已考察過某個美好的所在，卻覺得也沒什麼。我原以為她會問（其實並沒有），極樂世界是否有她喜歡的新奇探險、大麥町，或是所愛的人等。我們下方的叢林因為火山灰的滋養長得很茂密。待了一會兒之後，她牽起我的手，說她要下去了。

乾淨的空氣讓遠處的人影看起來特別清晰。我無意間瞥見了他，膚色黝黑、形體削瘦——一位印度教的朝聖者站在湖裡面，水淹過了他的膝蓋，潑在他臉上的水珠閃閃發光。不過，當我往他所在的岬角走去時，他人已經走了。一本濕透了的經書躺在沙地裡，隨著湖水蕩漾；一小札用繩子綁住的紙錢往湖中心漂了去，我已撿不到它。

六十年前，聖雄甘地的部分骨灰就灑入這附近的湖中。比起佛教徒，印度教徒更常洗浴、飲用、汲取這冰冽的湖水。在他們的典籍裡，對湖水強大的淨化功能多所著墨，說它可以洗去芸芸眾生的煩惱憂傷；用湖水洗澡，死後必進入梵天的殿堂；飲用它，則能消除百世的罪惡。

我用手撩了撩湖岸的水——比想像中溫暖。《往世書》裡要求來到這裡的朝聖者必須用酒祭奠他們的祖先。書上寫說藉由這叫 tarpan 的儀式，可以使祖先的靈魂得到永遠的安息。

我涉水往前走了幾碼，來到水比較淺的地方，感覺水正慢慢地變冷。我掬起一把水，頓時心智澄明了起來。只是，我並不信 tarpan 真有那麼厲害，真的可以讓死者順利轉世或進入永恆。

在〈薄伽梵歌〉（Bhagavad Gita）的著名篇章裡寫道，黑天（Krishna）說服弓箭手阿周那（Arjuna）投入戰爭，向他開釋：**雖然你為那些不值得憂傷的人憂傷**……但根本沒有所謂的屠殺和被殺，生死本是幻象，靈魂永遠存在，只是舊裳換新裳。

你、我和這些國王，過去無時不存在，

我們大家都死去以後，仍無時不存在……

於是在印度諸神的微笑讚許下，兩名勇士投入戰爭，奮勇殺敵。因為他們知道他們殺不死重要的東西。殺死一個人等於是拯救他。

我的腳在冰水裡發麻了。我試圖呼喊某個名字，卻又害怕破壞眼前的寧靜。據我所知，泡在這些癒療的聖水中，人往往會變得很謙卑。這水就像婆羅浮屠，是那麼的浩瀚、原始。我緊抱住自己對抗一陣想像的風。胃開始泛疼，我用力搓著已經變冰的手，空氣感覺更稀薄了。

你在哪裡？在英國教堂旁的墓園裡，我聲聲呼喚，沙啞的嗓音讓我想起了某人。那，當然是你。如今你活在我的聲音裡。

沙洲上的斑頭雁又開始有了動靜，似乎還不確定要飛往哪裡。在牠們上方，納木那尼的雪峰懸在湖上。在海拔比較低的印度村莊，農夫看著春天的雁群往北飛向瑪旁雍錯，想像牠們正往天堂飛去。有人說，也許牠們是羽毛會變成金色的尊貴天鵝呢。朝聖者受到叮囑，說要把牠們當作濕婆一般尊敬，這樣用湖水洗淨過去才有效果。

第十二章

一七一五年，耶穌會傳教士伊波里托．德基德利從喀什米爾挺進拉薩，沿途「越過崇山峻嶺、無垠荒漠。這裡不時為雲霧所籠罩，山頂覆蓋著積雪，極度凶險、荒涼且寒冷……，藏人花上數天的時間，虔誠地沿著山的底部繞行，他們相信這樣做可洗淨罪孽。雪實在太亮了，我的眼睛變得又紅又腫，幾乎快瞎了。」

他是史上第一位得見岡仁波齊峰的西方人，雖然他幾乎什麼都看不到。幾位跟在他後面的人全被眼前的美景給震懾住了。即使在凡夫俗子的眼中，岡仁波齊峰的美也是無與倫比的。它那完美的圓錐體好比陡峭的金字塔，每一面都正對著東西南北四個方位。讓地質學家興奮的是，它的質地並非喜馬拉雅山的片麻岩，而是隆起自花崗岩的古代第三紀砂礫層：全世界最高的沉積岩層。因為岡仁波齊峰乃某個時代唯一殘遺的地貌，比喜馬拉雅山都生成得早，而它在逐漸消失的古地中海中，曾是最高的小島。每逢夏天，融化的雪水會切斷其南面那道夢幻的階梯，形成一個好像卍字的符號。這神聖符號（雖然在西方曾遭到誤用）的出現，對印度及其鄰國的人而言，昭示著美好的未來。在西藏，這神聖符號與更古老、呈相反方向的卐符號同時存在，從岡仁波齊峰的側面望過去，盛開的符號像是不祥的象徵。

越野車吃力地載著我還有英國登山客越過巴噶平原，朝岡仁波齊峰前進，目前為止還看不到任何卍字，也看不出山底的四個角是否因為惡魔的搬動而有所毀損。這附近的山麓遍植杜松，草原的草頗為鮮綠，馬兒徜徉其間。我們不時看到一塊塊地毯在山坡上移動，怪模怪樣地聳著肩，穿著毛茸茸的褲裙，這些正是犛牛。披著長毛黑外套，牠們宛如岩石，跟就要被牠們啃光的草原形成強烈的對比。我們計畫雇上一頭，好頂達布還有珍珠的缺。我還看到了一隻落單的羚羊——喜馬拉雅山斑羚，牠在高原上徘徊，如此纖細、蒼白，似乎是迷了路。

隨著我們更往前接近，就更覺得這山的珍奇。整座山的山勢逐漸往東傾斜，放眼望去，依序是層層起伏的棕色山巒、形似金字塔的白色峰頂、蔚藍如洗的天空。

慢慢地，我們進入了塔欽（Darchen），朝聖者會在這裡雇好牲畜，以備轉山之用。傳統上，這裡是朝聖之旅的起點。一百年前河口慧海發現它時，不過是有著三十間石屋的小村落。一項奇怪的協議把它的管轄權連同當地的許多佛寺，劃給了不丹國王。一九〇五年，一名英國的貿易官員來此參訪時，發現村民個個喝得爛醉如泥。二十一年後，接替他位子的人發現他們還在喝。可就在三十年前，一場文化大革命震醒了他們，這裡成為一座死城，只剩下斷垣殘壁和冬天的暴風雪。唯一留下的人是一對瘋癲的藏人夫婦，他們就住在破敗佛寺的經堂裡。

從阻止我們驅車直入的檢查哨看過去，塔欽顯得井然有序。經過二十年的時間，它已蛻變成一個城鎮。不過，隨著我們更往前進，就會發現一切只是假象。塔欽的建築分布在幾條往山上走的石板路兩旁。我們來到一座四通八達的廣場，發現到處都是垃圾和碎石頭。附近有一條不成氣候的小商店街，漢人和藏人比鄰而居，我買了幾罐啤酒，接著便隨性逛了起來。一路經過了破爛的旅社、解放軍的軍營、被遺棄的佛寺。綁著經幡的救生索沿著骯髒的山溝往山腳延伸而去。這中間我們的外國人通行證受到嚴格的審查，雖然公安最後還是放行了，但想要雇一頭犛牛的希望終究是落空了。薩嘎達瓦節就要到了，各地的信徒都會聚集到岡仁波齊峰，犛牛根本供不應求。小鎮顯得有些浮躁。雖然發生在北京奧運前夕的暴動已經過了一年，但中共對人民集會的不信任感卻與日俱增。進入這偏遠省份的各個出入口一向管制得很嚴，如今公安卻變本加厲，因為他們害怕山下即將舉行的重大集會活動。

然而，朝聖者還是想方設法地跑了來。他們好奇地逛著商店街，攜家帶眷的，全部的家當就扛在背上。戴著稀奇古怪的帽子、穿著禦寒外套的男人看起來都一樣，我分辨不出他們是打哪兒來的。倒是婦女的裝束比較特別，交織著鮮紅、翠綠、暗紅條紋的圍裙下，是一襲及地的羊皮秋巴（chuba），她們的髮辮垂到腰際，脖子上纏著圍巾，頭上戴著連著耳罩的小帽子。當她們沒把口鼻遮起來擋灰塵時，總是笑笑的。

一位店主人中英夾雜地告訴我說，日子愈來愈難過了。「三年前，在當地廟宇的協助下，一座三十英尺高的蓮花生大士塑像被安在附近的山上。事實上，那座雕像是大家捐錢造的。我本人也出了錢。」他扮了個鬼臉。「不過，後來有人拿繩索套住祂的脖子，把祂拉了下來。」他輕聲地說：「當然，我說的有人是指解放軍。」

解放軍的步伐是沉重的。我們正靠近某段跟印度有爭議的疆界，沿路都是軍營。不時有列隊的士兵揮舞著警棒、拿著防暴盾牌在街上穿梭，他們的行進隊伍顯得雄赳赳氣昂昂，卻也有些愚蠢。他們一向狐假虎威、專門欺壓弱小，當地靠軍營維生的商販也是如此。令人難過的是，不時有濃妝豔抹的女人從我身旁竄出，嗲聲喊著「amo，amo」，一時間我以為她們在講義大利話呢，後來才想起那是中文的「按摩」。

巨大的瑪尼牆和塗白的佛塔告訴世人朝聖之旅從此開始。這裡的牆上、塔上全都纏滿了旗子，堆滿了犛牛頭骨。繞著這看似廢棄的牆塔而走的信徒大都是年邁的長者，他們太虛弱了，已經轉不動山。所以他們慶祝聖月的方式，就只能像這樣，一邊在地上爬行，一邊用黝黑的手指數著念珠，每數一顆珠子嘴上就要念一遍「唵嘛呢叭咪吽」。有時他們唱著比較長的經文（或悅耳或哀傷），雙手合十地恭敬祈求，或是轉動手持的經筒。信徒從佛塔的洞口塞了許多泥塑的小佛像到裡面，希望祂們能指引死者；至於犛牛頭骨則不可勝數，連附近裸露的岩塊上都堆滿了。黑角中間的頭蓋骨上刻有真言或懺文，目的是助這些牲畜能順利投胎轉世。

我們繞過前面的山，艾斯沃和我拍掉身上塔欽的塵土。此刻還看不見岡仁波齊峰，它被黑色的巨岩遮住了。下面還有一條可跑越野車和軍用卡車的小路，此刻瑞姆和我們的帳篷正早一步往信徒聚集的場所奔去。誰想得到在這轉山的第一站竟看不到半個人。乾燥的風吹颳著岩石，沿著山的側腹，一道瑪尼牆綿延了一百碼長，石頭靠著山斜斜堆起，毫無損傷。在南邊，隱約可見納木那尼的雪峰，以及遠處位在尼泊爾境內的賽帕爾和亞碧（Api）峰群。天上則飄浮著底部平坦的積雲。

一名朝聖者走在我們的前面，不過，他的腳程太快了，一下子就不見了人影。途中我們有幸遇到一整排青銅製的轉經筒，正兀自寂寞地空轉著，位在這颳著強風的斜坡，有幾座已經裂開。我曾經想像當這樣的經筒轉動時，會有紙片灑出來。懷著罪惡的心情，我嘗試朝裡面窺探，卻發現原本的經文還好端端地捲著。

一顆小石子飛進艾斯沃的眼睛，我趕緊用水壺裡的水就近幫他清洗。玳瑁色的蝴蝶在我們身旁飛來飛去幫倒忙。不久，我們再度動身，腳踩在乾涸的山溝上。沿路有乳白色石頭堆起的石標做記號，信眾經過時總會撿起一顆卵石放在上面。順著石標，我們愈爬愈高，經過一個尺寸特大的石堆。綁著經幡的旗竿可能在多年前就已經被風吹倒了，它像是破損的柵欄，擋住了我們的去路。

終於，我們登上一座小高台，岡仁波齊峰這才慢條斯理地現身。雖然黑色、傾斜的岩山依舊遮住了部分視線，不過，在它黑褐的山麓後面，岡仁波齊峰的雪峰就像是個火箭頭。

此刻我們來到轉山的第一個拜佛台（chaksal gang）。這裡布滿了大家想辦法扛上來的東西：刻有經文的石頭、犛牛角、衣物。可惜朝聖者已早我們一步離去。四周非常安靜，最大的聲音就是蜜蜂的嗡嗡聲，牠們正在東倒西歪的經幡間穿梭。散落在岩石上的骨骸、石頭還有衣服看起來好像有生命似的。我坐在一塊大石頭上，想說會不會有人來，不過始終沒有人來。艾斯沃凝視著好不容易現身的山，用一隻手遮住眼睛。平淡無趣的巴噶平原已經被我們拋在腦後。一小時後，我們下到流經岡仁波齊峰西面和北面的拉曲河（Lha Chu）神聖河谷。兩岸的岩壁很陡，沿著河崎嶇地往上，風停了下來。

我們爬上一座小山，來到一片草皮已被踐踏的圓形空地。空地周圍插滿了旗子，讓上升的河谷宛如一個開了口的大袋子。空地中間立著一根八呎長的柱子（由三四棵松樹頭尾相連紮綁而成），歪歪地刺向空中，明天這裡將舉行升旗儀式，此刻已經有幾百個人圍著旗竿，一邊順時鐘繞行，一邊誦念著經文。

不過空氣中瀰漫著一股不安。公安和解放軍的卡車沿著山谷布署（他們列隊在我們對面），且每隔二十碼，就有一名士兵站在拉起的封鎖線外戒備著。

公安封鎖了一座突出的小山丘，手持警棍來回踱著步。不過，在沿著空地圍起的經幡外頭，朝聖者依然故我地在岩石間紮營、野炊和禱告。生意人在帳篷裡做起買賣，一旁的行動醫療車正在替大家做豬流感的篩檢。

這附近唯一的建築是一間石造小屋。二十幾名噶舉派的僧人坐在矮桌前，就著昏黃的燈光持誦念經、敲打樂器。那聲音頗為嚇人。他們身穿深紅色、紫紅色和芥茉黃的袈裟，各個年齡層都有。年長的頭戴有如主教櫻桃紅法冠的尖帽子，至於年輕的則戴著拔高一呎長，展開如法老王王冠的帽子。他們示意我坐下。每個人桌上都擺著油燈、鈴鐺、可樂罐還有佛經。正在做法事的他們，有人經驗老道，有人乳臭未乾，卻一起打造了一座舒適的殿堂。通常他們的頭髮都剃得很短，要不就是綁成辮子，只有少數幾個留著稀疏的山羊鬍子和細細的鬢角，頭髮還四處飛揚地遮住了眼鏡、眼睛。我猜想那位在瑪旁雍錯湖畔的山洞裡閉關，紀念偉大喇嘛「得道升天」的噶舉派僧人是否就在其中。

香客湧了進來，把碰觸過自己額頭的錢布施給僧人。一名沙彌用印有百威啤酒的箱子把這些紙鈔收集了起來，另一名則低頭穿梭在人群中，給每名法師送上冷掉的白飯配蘿蔔乾。只見眾人一邊念經，一邊吃得津津有味。奇異的音樂全程沒停過，嗡嗡作響的號角吹動人們的愁思，彎曲的棒子咚咚地敲著直立的鼓，清亮的鑼鈸聲響徹雲霄。

西元十二世紀，由所謂的紅帽教（即寧瑪派）在岡仁波齊峰附近推廣天葬的禮俗。也許，正如有人所說，藏族非常重視臨死前的動念，因此他們對屍體的處理也就特別謹慎。

逃離喧鬧、人擠人的石屋後，我發現在明天即將升起大旗的前方空地上方，有一塊抵著岩壁的平台。當地人稱之為Drachom Ngagye Durtro，是僧人和牧民舉行天葬的地方。狂暴的勝樂金剛在岡仁波齊峰上跳舞，跳出再生與毀滅，使天葬台上充滿矛盾的力量。和濕婆一樣，勝樂金剛有著藍灰色皮膚，頭戴骷髏王冠，乃藏骸所的主人，從前祂的信徒都住在火葬場（也許他們現在仍舊如此），以便沉思生命的無常和真正的空性。通常人們會選擇這樣的地方，特別是趁薩嘎達瓦的吉祥月份，走完人生的最後一程。所以天葬台成了解脫的場所。彩虹帶著靈魂前往印度最神聖的八大屍林（寒林），其施身的功德則迴向給西藏。

基本上，冰天雪地、寸草不生的地方是很難消化屍體的。因此，當地法律規定，土葬只適用於死於疫病的人和受刑而死的罪犯，為的是懲罰這些害人的惡類，令其滅根絕種，不得超生。至於把屍體丟入江中的水葬，則是給鰥、寡、孤、獨，沒有親人的死者用的。只有地位最崇高的喇嘛能享有防腐處理，而地位低一點的則享有火葬、骨灰迎入佛塔的待遇。

其他人則一律採用天葬。藏人相信，人死後的數天，靈魂仍會停駐在肉體裡面，所以必須小心翼翼地對待。這期間會有僧人用摻和香料的水將屍體洗淨，並用白布包裹起來。接著請喇嘛活佛念誦經文（比方說我們西方人熟知的《西藏度亡經》），指引死者順利輪迴轉世，並由法師打卦決定出葬的吉日。出葬那天，屍體被拗折起來，頭彎於兩膝之間，成嬰兒投胎姿勢。有時這可憐的包袱（不可思議的小）由一名親友背著，就這樣前往天葬場；有時則放在一頂轎子裡，由一隊和尚引領著。通常最後一位和尚的背後會拖著一條長巾，避免死者跟丟了。

屍體抵達天葬台後，天葬師會吹響法螺，燃起桑煙（松樹枝），招喚禿鷹到來。接著天葬師和他的屍解人把屍體從背部劃開，掏出其中的器官，砍斷四肢，並把肉切成小塊後丟到一旁。至於骨頭則用石頭砸碎，混以酥油和糌粑後揉成團狀。最後連頭顱都被搗成泥，連同腦髓變成了美味的佳餚。肢解完後，這些東西依序被丟向天葬台（骨頭最先，因為它們最不可口），一旁的禿鷹立刻蜂擁而上。

禿鷹是神聖的。降臨天葬台的牠們，被視為是飛天（白空行母）的化身。牠們對食物的預感非常靈敏，哪兒有大餐就往哪兒去。在我父親的日記裡就曾寫到，禿鷹聚集的速度超快，他想牠們應該是在飛行的時候，用只有牠們自己懂的暗號互通消息。藏人認為把屍體奉獻給禿鷹，是亡者最後的布施，可減輕此生的罪業。而這些鳥本身從來不會弄髒大地。牠們在空中排泄。據藏人說，就連死的時候，牠們都會想辦法飛上天，直到太陽和風將牠們毀滅。

我爬上死氣沉沉的天葬台。冰冷的泉水流過它的底部，雪白的岡仁波齊峰閃耀其上。路已經到了盡頭，只見塵土飛揚。在我旁邊的棕紅色峭壁，被颳出一道道筆直的裂痕。太陽正逐漸西沉，落在高起的荒地上。荒地上散落著廢棄的石材，它們的前身可能是頹圮的、臨時搭建的祭壇或什麼都不是。一陣寒風捲了過來。所謂的解屍台不過就是塊磨平的大石頭，上面刻滿了真言。人們留下毛髮、衣服，甚至牙齒、手指甲，彷彿在證明他們的屍體曾經存在過。我發現一件女人的絲質背心、一只小孩的玩具。有些圓形的石頭上亂七八糟地套著衣服，對摺的擔架被丟在一旁。此刻風猛烈地吹著，帶走了亡者的靈魂，連同腐朽的衣物、禿鷹的羽毛、一綹綹的長髮也一起帶走。

有好一陣子我看不到半個人，只有一對老夫妻在附近徘徊。看他們的樣子好像是瞎了，身體冷得瑟縮成一團。後來我才發現有個男人在五十碼外跪拜。我看到他時，他正站起來，抓起一把糌粑灑向空中，大聲吶喊著。我認出那是張年輕的臉，蓄著一頭黑髮。風蓋住他的聲音。他朝拜的對象似乎不是岡仁波齊峰（因為他背對著它），而是墓地本身。也許他正在跟空行母對話，不過看起來更像是在召喚住在墓地的死神——貢波（gompo）。死神貢波的侍從在靈界屬地位最卑下的靈，通常為餓鬼、食人肉者或殭屍。藉由所謂的施身法（chodpa），瑜珈士邀請它們吃光他的我執，助他早日解脫。說時遲那時快，那個男人的糌粑粉已經用完了，他整個人撲倒在地。他的頭髮纏繞住他。他沒發出半點聲音。此刻他所做的已經不再是普通的拜拜，而是磕長頭的等身跪拜。最後他動也不動。

等他離開後，我去到他曾待過的高台。在岩石間，我看到兩把又長又寬的刀子還有火的餘燼，上面還留了一把被烤焦的鐵鋸。然後我戰戰兢兢地來到平台的中央。那兒有一塊刀痕累累的木板，以及幾把頗新的刀子和一柄斧頭。它們應該是被人丟棄的。木板的下面，竟然有兩塊骨頭（人的肱骨），上面還黏著乾掉的血和肉。

我趕緊走開，一方面感到噁心，一方面又因為看到不該看的東西而興奮不已。我聽說天葬師是西藏的藝術家，這行職業規定很嚴，不是人人都能吃這行飯。舉行天葬的時候，如果沒讓屍體被禿鷹吃光，將會招來惡魔。惡魔會附身在屍體裡面，把它變成殭屍，偷走它的魂魄。

不過，此刻天葬場所呈現的盡是漫不經心、敷衍了事。也許，天葬師的日子也不好過。就像屠夫還有鐵匠一樣，屍解人的身上散發出一股惡臭，人們管他們叫「黑骨」，說他們不只靈魂是黑的，連骨頭都是黑的。人們不願意與他們同桌吃飯，他們的女兒就算再漂亮也沒人敢娶。當然，也有人完全不忌諱這個。至今密教瑜珈師仍在尋找有助於了悟生死的材料，他們用人類的大腿骨做號角，用天靈蓋做成修法的容器。

我矇著頭快速穿越天葬台。這時只有相信輪迴轉世能讓心情稍微好過一點。如果輪迴轉世純屬無稽之談的話，那麼這些曾經鮮紅的血肉之軀不就白白犧牲了？

據說舉行天葬的時候，親人的悲傷會妨礙靈魂升天，所以有些時候是沒有親人在場的。像這種情況，他們會請一位法師先過去，念經請求神明讓死者被肢解時能舒服一點。不過，通常送葬者都會跟去，因為他們認為勇敢面對死亡，見證解脫很重要。有些葬禮的司儀甚至會要求送葬者不得顯露哀傷。藉此他們學得何謂無常，並能以平常心看待熟悉的臉孔灰飛煙滅。

不過，也有人說他們跪在地上，淚流不止。

瑞姆已經在拉曲河畔紮好了營。

除了我們之外，還有一堆從拉薩過來的德、奧登山隊，瞬間河岸被擠爆了。每個人都在找可以馱行李，或甚至載他們上山的犛牛、迦卜牛或馬。只是這樣的牲畜實在少得可憐。話說轉山的時候，我們還得挑戰另一座三千五百英尺的高峰，爬更多的陡坡。於是艾斯沃和我決定放棄一切不必要的裝備，只帶一頂帳篷和救急的口糧。

那天晚上，我被一連串輕柔的手機鈴聲吵醒。我摸黑爬出帳篷，試圖尋找聲音的源頭。最近的帳篷離我們尚遠，這會兒又沒有聲音了。我等著，突然覺得孤單了起來。我被幻想的寂寞困擾著。某人試圖聯絡我，但我沒有回應他。也許這是缺氧產生的幻覺，缺氧的腦袋製造出這個夢和莫名的憂傷。

我試圖藉由散步趕走寂寞。薩嘎達瓦的一輪明月高掛在河岸上，天空布滿了星星。在這空氣稀薄的地方，群星互相輝映，光彩紛呈，像霧一樣。那橘色的星可能是死去已久的人，它們的光從很遠很遠的地方傳來，至於其他的則注定一出生就隱沒在黑暗中。

第十三章

朝聖者繞著山谷中的經幡柱走，主要是在模擬接下來的大規模轉山——轉岡仁波齊峰。按照儀軌，人們必須把供品靠右邊放，以便順時鐘繞行。大夥兒一早就來到了這裡，沉浸在節慶的氣氛中。從我所在的小山丘望過去，他們的行為不光是虔誠而已，簡直就像是著了魔一般。就好像老虎會在晚上巡視牠的勢力範圍，我突然有個想法，藏族下意識地藉由轉山、轉僧院、轉佛寺，來護持他們的聖地，使其生生不息。

在這裡，朝聖也好，輪迴轉世或經輪的轉動也罷，都是以繞圓的方式進行，因為圓代表著神聖。民間傳說，神佛、魔鬼甚至是爬蟲類，都依循著這樣的模式。藉由這莊嚴的行走（藏族方言的人類，乃「直立的動物」或「移動的珍寶」），朝聖者得到來世的福報和現世的喜樂，有時，他們甚至會帶上牲畜和狗（一切有情眾生皆可累積功德），千里迢迢地全家一起奔赴岡仁波齊峰轉山。

隨著天光愈來愈亮，人也愈來愈多。近千名朝聖者圍著大經幡柱繞圈，就好像行星繞著太陽轉。他們的步伐很快，表情輕鬆自在，好像在參加進香拜拜。雖說冷風刺骨，卻沒有人把袖子拖到地上的羊皮外套穿起來，只隨意地披在肩上；女人頭戴附有耳罩的帽子，男人則斜戴著毛帽或牛仔帽。不時還可看到一、兩位年邁的長者，一手拄著拐杖，一手搖著經輪。隊伍中，就屬少數民族的服飾最亮眼了。那些女人彷彿是來走秀的，各個打扮得花枝招展。髮帶上鑲滿了銀飾、貝殼不說，有時還掛著護身符或鈴鐺。她們笑容滿面，顯得熱情奔放。脖子上戴著的是琥珀和珊瑚串起的項鍊，額頭上則頂著鑲有綠松石的盤飾，繫在腰間的束帶更是華麗無比。這裡面有當地杜立巴游牧民族，也有來自東邊、頭髮用深紅布條編成髮辮的剽悍康巴人。放眼望去，盡是閃閃發亮的絲質外套，粉的、紫的、金的，上面繡了龍或花草。

被解放軍圍起來的經幡柱傾斜得厲害，上面掛滿了經幡，等待著。鮮豔的三角旗到處飄揚，用不同的顏色代表不同的自然元素，比方說黃色代表土，綠色代表水。我看了看上面的圖案，只認出木板印刷的蓮花生大士和背著聖火的風馬。在最外圍的地方，掛在微弱瀑布上方的白色經幡足足有兩個人的高度。被水打濕的它們黏在一起，成為半透明的帷幕，裡面寫些什麼已經看不到，就像是閣起來的書本。不過，每年它們都會擺在這裡，幫人們把真言的法力、語言的魔力傳送出去。

公安居高臨下，用雙筒望遠鏡監視著谷裡的動靜，並用無線電對講機通報彼此的情形。他們的伸縮式攝影機在三角架上嗡嗡運轉著，只要有人鬧事就會馬上被拍下來。士兵在沿著經幡柱圍起的警戒線外站崗，其他的隊員手持警棍和盾牌，大搖大擺地和朝聖者反方向而行，或是五、六個人為一組地站在高掛的經幡外。不過，藏人的眼神直接穿透他們，彷彿他們根本就不存在。一名頭戴鋼盔的消防隊員站得直挺挺地在執行勤務，手邊擺著滅火器備用，可一整個早上過去了，連個火星兒都沒看見。

北方的雲逐漸散去，岡仁波齊峰的雪峰赫然出現在天葬場的上方。幾名朝聖者正好面對它，他們歡天喜地地把手高舉過頭。藏語的「岡仁波齊」（Kang Rinpoche），意為「雪山之寶」。他們想像勝樂金剛的宮殿就在山頂，不過，就算是祂也無法完全控制這古老、神聖的山，因為岡仁波齊的力量是與生俱來的。它是神蹟的展現。在信徒的眼中，它的法力因為許多曾在其中冥思的修行者而不斷提升，整座山充滿了能量。據說轉山一圈（如果夠虔誠的話），可消除一生的罪孽，即便你犯下的是殺害喇嘛或父母的惡行；轉上一百零八圈，則可升天成佛。

朝聖者會在心裡衡量，該轉多少圈才能達到效果。從前有錢人會請替身幫自己轉山，轉山的功德兩人平分；時至今日，如果朝聖者騎著犛牛或馬去轉山的話，一半的功德也將歸那畜牲所有。犛牛也好、人類也罷，都受到了世俗污染（drib），這污染就像是污點或陰影，隨著我們所犯的罪不斷擴大。轉山可以清除掉這些。密教修行的方法，破除幻相、不起分別心，只有少數人能夠做到，至於在我身邊慢慢前進、盯著旗竿豎起的那一票人，將藉由明天一早的旅程來累積福報。

一百年前，斯文．赫定這第一位完成轉山之舉的西方人寫說，信眾轉山的動機非常單純，為的是來世能有幸坐在勝樂金剛的旁邊。不過，其實他們有更現實的考量。雖說如今因果報應的觀念已經式微，但人們仍祈求老天保佑，希望牲口不染病，希望酥油賣到好價錢，希望有豔遇和賭運。女人家則祈求一台收音機，或一個健康的寶寶。這些事全歸佛祖還有地方的守護神管。在岡仁波齊峰附近的靜僻貢巴（gompa，藏佛寺廟），人們會用香、米飯和清水供養這些神佛。由於地處偏僻，有些人甚至會偷偷地向狂暴的山神祈禱，希望祂們把達賴喇嘛帶回來，把中共趕出去。

一個瘦小、披著黃色袈裟的身影站到經幡柱的前面。小巧的臉躲在飾有流蘇的紅帽子底下，這位慶典的司儀，正用擴音器下達指令，指揮眾人動作。只見三十人為一組的壯漢分成兩組，開始把纏繞住整根柱子的長繩拉起，接著兩台並排的卡車面對經幡柱，前方保險桿上綁著鋼索，慢慢地往後倒開。頓時歡聲雷動，大量的金紙灑向空中。經幡柱慢慢地被豎起。支撐它的椿子一根根崩落、掉在地上，綁在上面的成串經幡順勢被拉了上來，迎風散開。之後柱子暫時停止了晃動，保持四十五度角的傾斜位置，就像一管大砲對著岡仁波齊峰。圍觀群眾的歡呼聲夾雜著讚嘆，雙手合十。司儀跑來跑去，不斷指揮拉繩子的人。如果經幡柱沒有剛好卡進石造的托座裡的話，來年西藏將會噩運連連。這慶典曾經停辦了二十年，所以一九八一年以前的西藏一直都多災多難。好不容易綁住柱子的繩索拉緊了、也平衡了，黃衣司儀一聲令下，柱子慢慢往上豎直，直到所有支撐物全被撤走。柱上的長幡展開彷彿花瓣環繞著花莖，此刻巨大的樹幹不可思議地挺直，五顏六色的花冠輕輕托著它。柱子的頂端綁著天空藍的絲緞，飄揚間不時露出扣在上面的金球，群眾發出勝利的歡呼：Lha-gyel-lo-so-so! Lha-so-so! Lha-so-so!（眾神萬歲！）糌粑粉不斷被灑向天空，化成一朵朵白雲飄向山中。人們把手伸進裝滿紙錢的袋子裡，漫天飛舞的紙片如雪花落下。拜拜用的磚窯裡堆好了牛糞和松枝，用不完的紙錢和香全往裡面丟，頓時濃濃的白煙揚起。香的味道、青稞的粉末、紙片落在一旁虎視眈眈的中共解放軍的腳邊，接著又像霧一般往岡仁波齊峰飄去。

就在這時有一件奇怪的事發生了。在上面，就在天葬場的外圍，有個披著白袍、高舉木製十字架的身影。他慢慢地走向我們，彷彿剛從髑髏地（基督被釘十字架的地方）奇蹟歸來的耶穌，一名矮小的和尚緊張兮兮地跟在他後面，不過，這謎樣的雙人組合很快就消失在人群中。此刻信徒正像一個巨大的彩色輪子圍著綁滿經幡的柱子轉動，慶典來到最高潮。有人走到柱子下面，用額頭碰觸樹幹；也有人撲倒在堅硬的泥土地上，對著神山伸長手臂膜拜。就連公安都在互相拍照。

之前排排坐、念誦了好幾個小時經文的僧人列隊走了出來。在江扎寺（Gyangdrak Monastery，位在岡仁波齊峰下峽谷）住持的帶領下，僧眾一邊莊嚴地走著，一邊吹動法螺號角，敲響鐃鈸。戴著細框眼鏡，顯得和藹可親的住持手裡握著一大把香，在他後面，層層堆疊的橘黃色經幡就像是搖搖欲墜的佛塔。更後面的是十呎長的大號角。大號角實在是太重了，一個人根本搬不動，所以喇叭口全給套上了繩索，由前面的人拉著。剩下的僧人則扛著畫了龍的大鼓跟在一群擠擠挨挨的紅帽子後面。殿後的是個德高望重的長者，懷裡揣著一只銀餐盤和一瓶百事可樂。

到了下午，隨著儀式結束，人潮也逐漸散去。經幡柱上綁著密密麻麻的旗子，從下面走過，你會以為自己走進熱帶叢林，不時被到處攀爬的藤蔓給絆住腳或掃過臉。傍晚時分，朝聖者紛紛回到自己的營地，四周恢復了平靜。此刻，廣場顯得無限寂寥，就好像孩子被叫回家吃晚飯後的無人遊戲場。那令人印象深刻，洋溢著歡慶氣氛、虔誠心念的祭典也跟著結束了。圍繞山谷的營火亮了起來，空氣中飄著一股暗香：人們焚香祭拜冤屈的鬼魂，並安撫夜幕降臨的山。

自古以來有一說法，說天堂和人間原本連在一起，神佛和世人上下移動用的是同樣一把梯子（也有可能是繩索或藤蔓），各自相安無事。雖說一場災難讓這條通路永遠斷了，不過全亞洲的人卻養成了要祭拜柱子或梯子的習慣。好比婆羅門祭司獻祭爬的樹，薩滿巫師登天的梯子，或甚至蒙古敖包的支柱，「擎天之柱」成為人們膜拜的對象。這樣的信仰源自一浩瀚、古老的內陸，舉凡古埃及、巴比倫的世界支柱，光明之神密特拉的升天神話，或中國和德國古代的參天巨樹，甚至雅各夢見的、從世界中心升起，有天使在上面行走的階梯都是。

這些概念有一部分源自美索不達米亞平原，其共通之處在於：透過位在世界中心的梯子或藤蔓，神佛庇護著人間；而岡仁波齊峰那神聖、豎立在興都教（Hindu-Buddhist，印度教與佛教的混種宗教）宇宙中心的柱子，乃其中的典範。它的升起是永恆的（雖然儀式不定期舉辦），代表佛教打敗苯教（當地的原始信仰）的小小勝利。對苯教徒而言，岡仁波齊峰本身就是一把通往極樂世界（Elysium）的天梯。連結天地的繩索，自古藏人就有這樣的觀念，相傳他們最早的國王就是藉由頭上的彩虹橋降臨人世的。因此，依循同樣的管道，死者應該也可以抵達天堂吧？

即使在佛教的神話裡，岡仁波齊峰與其信徒的關係也非亙古不變。對大部分人來說，它就是光。西藏民間傳說，岡仁波齊峰是從不知名的國家飛來的（西藏的很多山都會飛），被人用經幡和鍊條給暫時固定住。後來，為了防止惡神把它背走，送回原來的地方，佛陀在神山四角各留下一個腳印。

不過，現在又盛傳，隨著末法時期的來臨，神山隨時都有再度飛走的可能。

關於那位披著白袍、扛著十字架者的謎題，總算在傍晚解開了。我發現他也紮營在拉曲河畔，那詭異的十字架就擱在貨車旁。原來他是俄羅斯裔的德國人，出生在哈薩克，二次大戰期間，史達林把他的族人趕離了那裡。他看上去又瘦又高，神情憔悴，講話的語氣彷彿明天就是世界末日。駕著貨車，憑著一股天真的自信，他勇闖複雜的邊界，好不容易來到了這裡。

我吃驚地問：「你都沒有遇到麻煩嗎？」

「大家對我都很友善。大家都很歡迎我！」躲在亂蓬蓬的金髮和薑黃色的鬍鬚後面，清澈的藍眼睛閃閃發亮。

「你是東正教的教徒？」

「我是福音傳播者。」

他的十字架上貼著深奧難懂的圖像。正中央是被釘在十字架上的上帝（這個最令藏人費解），上帝頭上的帽子有一個符號，象徵世界的開口，十字架的底部有一頭黑羊，黑羊身上畫了骷髏和交叉的兩根骨頭，代表地獄。

佈道者滔滔不絕地向我解釋這些符號的意思，只可惜完全引不起我的共鳴。我可以想像他在這裡的遭遇恐怕不只是白眼而已。距離第一位傳教士深入西藏內陸至今，已經超過了兩百年。此刻，他正闡述複雜、艱深的教理，我所知的那一點俄語已不管用。他認為亞特蘭提斯的人，甚至全世界都將歸於基督。「大家都知道，地球的電路穿過獅身人面像，而獅身人面像朝東，面向岡仁波齊峰，岡仁波齊峰則……」

他嘮嘮叨叨地說個沒完。那新世紀的陳腔濫調不只沉浸在對耶穌的夢裡，也沉浸在舊斯拉夫主義裡。西方世界物欲橫流、道德淪喪，只有俄羅斯是塊淨土。俄羅斯將成為全人類的救世主……

「現在也是嗎？即使在普亭的治理之下？」我咕噥著。

「是的，普亭，還有梅德維傑夫*，他們將助俄國回復往日的榮光。」

站在他的十字架旁，這位預言家說得理直氣壯。他渴望世界和平，渴望一完美的泛基督教主義。只要人們願意聽他講。他說佛教徒很好，錯只錯在他們沒有基督。他要把俄羅斯的基督帶給他們。

「可他們不了解我。他們什麼都不對我說。」這就是為什麼他總是扛著他那大十字架單獨出現的原因了。雖然他有心想要拯救世人，只是他那三位一體的神實在令人費解。照他的說法，聖子豈不要走入歷史中？我在想，心胸寬廣的西藏眾神不至於與他的神為難，不過，最終這些神也將隨著大大小小的神佛一起消失，就好像在純粹的涅槃前，一切迷信終將消散。

我問他會繼續走下去嗎？不過，不知為什麼，我一點都不擔心他。

「不，岡仁波齊峰是我的終點。」他搖了搖頭，金色的頭髮舞出一道光環。「我正打算回家。」

「你家在哪裡？」我問。這時他看向遠方的山巒和天葬場，害我以為他打算在那裡自我了斷呢。

「在改革之後，我們舉家往西遷徙到了德國。我們已經在那裡定居了下來。」所以他打算回到西方物質主義最盛行的地方囉？「我將回到杜塞道夫（Düssledorf）。」他輕聲說道。

---

* 普亭（Vladimir Putin）和梅德維傑夫（Dmitry Medvedev），分別為俄羅斯現任總統和總理，兩人把持俄國政壇長達十二年，世人諷稱為「普梅體制」。

第十四章

真正的轉山起點是在大經幡柱與河之間的山脊，兩腿佛塔（Kangri chorten）的深色拱門在神山外圍起一道藩籬。佛塔的基座堆滿了石頭，這些都是朝聖者要離開時留下來的。黎明時，艾斯沃撿了塊小圓石放上去，接著便順時針繞行了起來。他的手上掛著念珠，防止任何妖魔鬼怪靠近。

眼前所見的佛塔源自於印度古代的窣堵坡（stupa），原是收藏佛祖釋迦牟尼火化後留下的舍利。來到西藏後，其樣式改了，用途也變多了。有些裡面放了死人的遺物，但最多的是佛經還有聖物。這些佛塔大多毀損嚴重，不堪使用，卻又因為其意義非凡而無法將它剷平。我們此刻進入的是轉山的正式入口，有淨化朝聖者心靈的作用，它的樣式就是一般常見的，由下而上依序是：方形基座，形如覆缽的塔身，疊成圓錐形的十三層金色相輪（塔脖子），一彎新月托著太陽的塔剎。

不出所料，這些結構有著十分豐富的意涵。塔的五個主要部分，從最底層的基座到最上面的太陽，分別代表佛教的五大元素（地水火風空），這點跟風馬旗是一樣的。不過，它們同時也代表著從求道到證悟的五個階段，而頂著太陽寶珠的傘蓋則象徵化陽性智慧和陰性慈悲為純粹的真理。密教把佛塔結構與坐佛身體的各個部位完美結合在一起，並把它的塔心柱（大部分佛塔裡面都豎著一根柱子）視為神山的象徵，或是插入女體的男根。

我們穿過佛塔基座的通道。一串串犛牛牙齒從天花板垂掛了下來，掃過我們的肩膀；兩個已經腐爛的牛頭就掛在牆上。在我們上方，藏在覆缽式塔身裡的佛陀遺物帶來祝福。然後我們走了出去，神聖的山谷豁然展開在眼前。綠油油的草地上，犛牛和迦卜牛正大快朵頤。幾名朝聖者沿著山谷繞行。在這被稱為「金色盆地」的地方，峽谷的壯觀一覽無遺。其中的懸崖一層橘、一層粉紅地往上堆疊，接著宛如崩塌的高塔般與大片頁岩滑落的山壁融合在一起。

在我們旁邊，修行者的洞穴零星散布在山頂天葬場的下方，滿頭亂髮且年輕的朝聖者紛紛爬了上去。誰曾經在裡面打坐？也許是苯教的大法師那若本瓊（Naro Bonchung），或打敗他的佛教高僧密勒日巴（Milarepa）*。沒有人知道。山洞很小，有幾塊石頭砌的檯子。朝拜者貼了鈔票還有念珠到天花板上，有人甚至把項鍊留在石頭上。

懷著愉悅的心情，我們踏上平順好走的路。拉曲河悠悠地從旁邊流過，上面結了冰。面向東北，隱約可看到岡仁波齊峰上的積雪。沿著我們前方寬闊、布滿巨石的峽谷，有一個身影正緩慢移動。他先是整個人伏倒在地，站起來，走三步，接著又趴了下去，雙手往前平伸。即使我們已經走到了他的旁邊，我還是分不清他是個小夥子還是個小姑娘。用這種痛苦的方式，朝聖者讓身體碰觸每一吋土地，這樣轉山一圈可能得花上三星期的時間。每天他們都從以石頭為記的廢棄地標重新出發。當那人站起來時，我發現他的身體被皮製的連身圍裙保護著，兩隻手的手掌則墊著厚木板。從黃土地裡爬起來的她，把黝黑的臉轉向我，笑了。如果她是佛門子弟的話，一路當然有佛祖保佑，而每次的行禮都能幫她累積福報。在那孩子的前面，尚有兩位駝背的婦人，她們已經太老無法行此儀式，只能拿著裝了茶的保溫瓶一邊陪著跪下，一邊鼓勵那孩子前進。

艾斯沃邁開步伐超越她們，他同我一樣尷尬，只說了一句：「也許她做錯了什麼。」

* 相傳兩人曾在此鬥法，決定誰有權住在岡仁波齊和瑪旁雍錯。

我們正進入這樣一個神聖的區域，苦行贖罪也好，犯罪造業也罷，其效果都將加倍。這裡的居民（人數極少，大部份是僧侶）置身法力強大的氣場中，是他們的前世帶他們來的。這片土地普遍受到世人的崇拜，不限於佛教徒和印度教徒。譬如殘餘的苯教就尊這裡為他們的本山，用逆時鐘繞行的方式來崇拜它；至於以慈悲為宗旨的耆那教（雖然我分不出他們與佛教有何差異），之所以敬畏岡仁波齊峰，是因為他們的第一位祖師圓寂於此。和佛教徒一樣，他們也是順時鐘轉山，手裡拿著裝了念珠的小袋子。

朝聖者完成十三圈的外轉山後可進入內轉山，直接通往南面的山壁。內轉山的路線比較短，也比較危險。不過，這已經是最好走的路線了。從來沒有人成功攀爬過岡仁波齊峰。比起喜馬拉雅山，海拔兩萬兩千英尺（六千六百公尺）的它不算什麼，卻是那麼地高不可攀。一九二六年，出身印度軍旅的英國登山家威爾遜上校（Colonel Wilson），帶著雪巴撒旦（Satan），試圖從南面的山壁攻上他戲稱為圓頂小禮帽的峰頂。辛苦地走過昏暗的山中小路，他以為他已經找到通往山頂的稜線。時間所剩不多。被幾近九十度角的陡坡和無底深淵嚇到的兩人退縮了，同一時間大雪夾雜著雷電正在他們的頭上肆虐。

在那之後，經過了二十年，才有另一名探險家，英國的梅杰．布萊克尼

（Major Blakeney）前來挑戰此一艱鉅的任務。不過，他竟然異想天開地只拿了一把雨傘要去攻頂，他的藏人嚮導死都不願意跟他上去。然後，在一九八〇年代中葉，偉大的登山家萊茵霍爾德・曼斯納（Reinhold Messner）決定採取速戰速決的方式，只可惜中國政府有意拖延，這件事最後也就不了了之。從那之後，再也沒有人到過神山的山頂。北面的山壁十分陡峭，根本無法攀爬，並不時有雪崩發生；至於南面和西面則橫著頁岩和冰川。只有轉山時勉強可以看到的東面，算是比較友善，難度沒那麼高。不過，征服岡仁波齊峰的舉動依然是被禁止的，因為這裡的子民不願他們的神明受到打擾。

我們朝北走，這時還看不到剛才講的無底深淵，它們被中間的斷崖擋住了，就連從花崗岩底座升起的錐峰也還看不到。我們正走過的這座峽谷，阿彌陀佛（無量光佛）峽谷，其砂岩峭壁呈現黃色和淡黃色，幾近垂直地分立在兩旁。隨著狹谷愈來愈窄，史前冰川前進所鑿出的冰磧丘亦變得十分壯觀。四間小巧廟宇坐落在斷崖上，我們去到的第一間小得就像是座穀倉，有一半隱身在峭壁後面。經幡沿著廟牆散開來往後方的河谷延伸，就像是通往天國的電纜。也許那顆在赫定到訪的五年前砸毀寺院的大石頭，就是從這裡滾落的。

我們渡過谷底的某座矮橋，努力往曲古寺（Choku Gompa）的圍牆爬去。

山縫間坑坑疤疤地全是隱密的洞穴，也許蓮花生大士在裡面埋了珍貴的經典，或是密勒日巴曾在裡面打坐。爬著爬著，與河道平行的峭壁聳峙在我們的後面，它宛如高低起伏的城堡，上面掛著結冰的瀑布。周圍的土地白茫茫一片，像是長滿了枯萎的草，奶黃色的花綻放在岩石間。向下俯瞰，綠色的拉曲河滔滔不絕地流著，一隊犛牛正慢慢地行過草綠色的谷地。一哩外，像是隻螞蟻的瑞姆正背著雙人裝備往北尋找今晚將下榻的營地，至於南邊的那個黑色連字號似乎根本就沒動，那女孩正一點一滴地朝著救贖之路邁進。

眼前這座廟宇的年紀已不可考，雖然它的屋頂架設著電視天線和小耳朵。事實上，它那十三世紀的建築曾遭到紅衛兵的徹底破壞。他們搗毀附近所有的佛寺還有佛塔。直到一九八三年才有印度朝聖者再度來到曲古寺，為它的斷垣殘壁平添了許多神話。謠傳它的規模很大，可以供上百名旅客住宿，裡面還藏有傳奇人物汝拉瓦．辛格的武器。其實所謂的貢巴全都又小又破，就像這間一樣。當年河口慧海發現它很詭異地竟歸不丹國王管轄，裡面只住了四位喇嘛。

我發現這裡的僧人都像燕子一樣，棲居在狹小的個室裡，唯一的好處是透過窗子可以看到岡仁波齊峰。廁所就是臨時挖的幾個坑洞，離地五十呎高，懸在峽谷上方。裡面總共就三個人，說的話我沒一句聽得懂，還有兩隻脖子上繫著紅纓的凶猛惡犬，牠們也屬於聖物的一種。大殿的入口，朝聖者正收集地上的碎石，把它們放進小袋子裡。大殿裡面，泡在油杯裡的蠟燭多達兩百根，一片燈火通明。這裡神龕的煙不像一般寺廟的那麼嗆濃，因為進口的植物油取代了傳統的酥油，不過，信徒捐獻的香油錢倒是跟水果一起堆放在佛桌上。隱身在柱子後面的是一尊尊神明、菩薩以及祂們的護法，如三世諸佛、捧寶瓶的長壽佛、持火刀的文殊菩薩等。這裡也有千手千眼如孔雀開屏在背後展開的觀世音菩薩，以及從觀世音眼淚化身而來的度母。祂們將保佑我們一路順風，明天登上海拔一萬八千六百英尺（五千五百八十公尺）的山口。

倒是供奉在最裡面的那尊，很難看出是什麼神。約四分之一真人大小，全身掛滿珠寶，幾乎看不到手臂和脖子的白色大理石阿彌陀佛像，是岡仁波齊峰最古老也最珍貴的神像。中式髮髻下的蒼白臉孔法相莊嚴。祂的眼睛像是閉著的，嘴角微微上揚。祂遠從印度某個湖泊飄流而來，人們說這是菩薩藉石頭「顯靈」。在阿彌陀佛像旁邊，收藏有一千年前密教上師那洛巴（Naropa）吹過的法螺，至於佛桌附近閃著金光的銅雕大鍋子，則是他用來泡茶的茶具。

這三件聖物分別代表佛祖釋迦牟尼的身、意、口。西元十七世紀，鄰國古格王朝（Guge）的國王篤信佛教，派遣軍隊來搶奪寶物，可雕像忽然重到搬不動，法螺自己飛上了天，鍋子則流出大量鮮血，搞得古格軍隊最後只能無功而返。事後，掉在岩石間的雕像請求一位老人把它帶回曲古寺，而他竟然不費吹灰之力就拿起了它。

聽說文化大革命期間，是年老的不丹贊助者保全了這批聖物，不過，真實情況如何沒有人知道。總之，到了十九世紀，已經有西藏朝聖者傳出，說佛像受到嚴重的破壞，而原先的那口鍋子好像已經熔掉了。一九九一年，從廟裡偷出的十六件手工藝品被送往西方的拍賣市場，其中鑲著銀雕的那只法螺看上去超新的。

一名勉強會說幾句普通話的西藏信徒，幫我問了其中一名和尚。和尚說，所有聖物都是真的，能來到這裡全是因為奇蹟。偶爾那法螺還會被喪家請去，放在死人的耳朵旁邊。「它照亮了他們的路！指引他們！有時往生者就是靠它才得以進入寺廟，受到供養。」他說得言之鑿鑿，口沫橫飛。「那雕像？是自然生成的。要是在以前，祂還會說話呢。祂是掌管學習和光明的菩薩。小孩功課不好都會來找祂，念誦祂的聖號……」

不過，當我問到Kangri Latsen的時候，話多的和尚突然不說話了。Latsen是雪域土生土長的惡神，曲古寺未改信佛教之前供奉的是祂，因此祂的資歷比眾菩薩都要來得早，不過，現在祂被隔離安置，成了檯面下的神。我死纏爛打，對著另一位較年輕的和尚不斷複誦祂的名字，終於他帶我離開正殿，經過某間倉庫，打開某扇門，進入伸手不見五指的暗室。

一開始我什麼都看不見。一堆白色的東西下就點著那麼一盞油燈，細長的窗子外是岡仁波齊峰，可光線一點都透不進來。這房間簡陋到就像是間車庫，地磚都裂了。和尚很緊張，扭扭捏捏的，站在門邊等我。我勉強看出木製佛桌的檯子，上面掛著白綾，下面散落著錢幣。我往檯子走去。從層層布幔的後面，露出一張披散著紅髮的紅臉。祂一臉怒容，呲牙裂嘴，雙眼圓睜且紅腫。至於祂的身體（如果有的話），我完全看不到。倒是祂頭上戴著像是玩具紙帽的綠色王冠，還有大大的辟邪物。佛桌兩邊擺了兩支四呎長的象牙，在祂旁邊則另有其他臉孔從布幔後探出來。佛教徒說這些早期的苯教流氓全被他們的護法給收伏了，不過，在我看來，眼前的這位似乎很不甘心被放逐，情緒一直很惡劣，再多的供品獻給祂都沒用。一百年前從山上推下大石頭壓毀寺廟的人，想必就是這位厭世者了。

一群康巴朝聖者跟在我後面擠了進來，他們大概不知道裡面供奉了什麼，只一個勁兒地拜。他們的婦女留在外面。老人家則買了更多圍巾堆在Kangri

Latsen的腳下，當著年輕和尚的面彎下腰來，虔誠祈求著。身在暗處的我懷著疏離感，著迷地看著這一幕，直到他們魚貫而出。也許這些雜牌的當地神明（管颳風或管下雪的）要比高高在上的菩薩更容易理解，也更容易被轉山的苦行給收買吧？

拉曲河——神仙河，引領我們走過長達五英里的砂岩隘道。兩旁三千英尺高的垂直壁面如粉紅和銅紅的帷幕鋪展開來。遇到質地比較軟的石頭，它便得寸進尺地蝕了進去，橫切過峽谷的垂直裂縫，導致整個岩石表面裂成了宛如從幾百碼外完整移植過來的巨石砌築。最高處、被風撕扯的岩層薄且脆弱，它們向上突刺形成了搖搖欲墜的塔樓和拱門洞開的柵欄，觸目所及，似乎盡是殘破的宮殿和廟宇。尤其在岩石轉為珠光粉的地方，這些黑色的剪影彷彿來自另一個時空。黑色剪影的中間是流瀉自溪谷的冰瀑，或是覆蓋在峭壁頂端的新雪，它們最後來到我們腳下的山谷，變成了夾著碎冰、阻滯不前的拉曲支流。

當然，所謂的山頂宮殿乃眾神佛的住所，每一塊奇形怪狀的石頭都代表著祂們的存在以及展現的神蹟。就在正對著曲古寺的峽谷，僧侶發現十六名羅漢修練的地方，而山頂上則飄著Kangri Latsen的紗帳。除此之外，我們一邊走還一邊看到一條神祕的小溪帶著七彩虹光從山上而來，而東邊的石造穹頂乃印度魔王羅波那（Ravana）的城堡。他和他的犛牛還有狗，後來一起改信了佛教。至於把那附近圍起來的巨石則是高僧紐嘉華拉囊巴（Nyo Gyalwa Lhanangpa）的水晶聖骨盒，再往前則是猴神哈魯曼（Hanuman）跪下來向岡仁波齊峰上香的地方。在我們後方往東，有從高處傾瀉而下的小冰瀑，據說那是英勇的西藏國王格薩爾王（Gesar of Ling）坐騎的尾巴，而他的七個兄弟分別住在我們沿路經過的七座尖錐石上。往西，在三座兩萬英尺的高峰上，住著三位長壽佛，而路旁的某塊花岡岩巨石則是佛陀降妖伏魔後留下的神蹟。對那些看得出的人來說，這裡的每塊石頭都蘊藏著生命。至於岡仁波齊的山頂，則有冰雕的大門通往勝樂金剛的華美宮闕。

在這地勢複雜的地方，佛教、印度教、苯教的神佛全混在了一塊兒。祂們數以千計。通常我都要等踽踽獨行的朝聖者拜倒在某塊石頭前了，我才知道原來那是佛陀的腳印或手印。有些神佛和菩薩居無定所，飛來飛去；有些則同時有好幾個處所。不過，通常祂們都會降臨在信徒祭拜的石化聖物上。偉大的郭昌巴（Gotsampa）喇嘛發現，要在這裡找一塊石頭墊在爐子下煮茶都有困難。因為它們要嘛不是神佛的化現，要嘛就是刻了祂們所講的話。

反正這裡的每塊石頭都大有來頭，裡面飽含了人們對山頂某個洞穴或某位隱士的崇敬，這些聖人也因此而永垂不朽。朝聖者的虔誠轉山幫這無形的功德銀行積累了福報，而先聖先賢（包括密勒日巴、蓮花生大士，甚至是被趕走的那若本瓊）的長年修行更讓神山充滿了不可思議的力量。然而不管是專心一志的苦行僧或備受推崇的佛陀都曾經根除殘餘的黑暗勢力。這些古代的麻煩製造者大多成了佛教的禪定尊或像Kangri Latsen之類的護法，只是他們的改信並非那麼堅定，有時甚至會走回頭路。沿著岡仁波齊峰往上，天神（lha）逐步收伏那附近的lhamain（注定下地獄者），其努力讓他們得以脫離輪迴之苦。一群危害西藏的惡魔，比方說掌管土地的山神sadak、潛伏在水中的黑蛇神klu，或是騎著紅色飛馬的恐怖戰神tsen，全對佛教俯首稱臣，不過，神山善變的個性（突如其來的暴風雪和山崩）仍需要盛大的儀式來安撫它。

有幾名朝聖者趕過了我們。他們的步伐很快，堅定且面帶微笑。通常要走完那困難的三十二哩路得花上三十六小時的時間，但也有人一天就完成的。不過，箇中的辛苦是一樣的。轉山是一條漫長的贖罪之路，人們得沿路爬沿路拜，完成一個個儀式，最後來到獻給度母的可怕山口，才能徹底洗清罪孽。就連這些肺活量很棒的朝聖者都有可能在中途不支倒地。此刻，抹油的手掌所碰觸到的石印、趴伏在地上的身體，以及靜靜看著一切的神山之間，產山了深沉、感官的共鳴。你收集神聖的泥土，拔起治病的藥草，飲用聖水，罪就像汗水一樣從身體排出。就連你的禱告也隨空氣散播了出去，我聽見了，卻聽不懂其中的意思。這些話語也許是家人教你的，又也許是你隨興編出來的。有時你甚至說出你的願望：希望這趟朝聖之旅能幫助所有有情眾生得到證悟。

在我後方的峽谷，我驚奇地發現有三個男人正逆時鐘地朝我走來。我猜他們是苯教徒，因為只有苯教徒才會這樣轉山，不同於佛教徒的順時鐘方式。我試圖向他們打招呼，可他們卻害羞地把臉縮進兜帽裡，頭也不回地走了，害我當場傻眼。

在佛陀來以前，甚至在勝樂金剛來以前，這裡是他們的山。苯教徒宣稱，他們的創教始祖興饒（Shenrab）乃布穀鳥所生，從天而降，降伏本地的妖魔後，把神山賜給了三百六十位被稱為gekko的神靈（分別代表陰曆的每一天）居住。聽說gekko（壁虎）的老大比勝樂金剛還有濕婆都要殘暴。這也難怪，看他的名字就知道。擁有九隻手、膚色藍黑的他會從口中噴出冰雹和閃電。他的岡仁波齊峰是座水晶山，乃人間的天堂，能拯救世界免於毀滅。如果把苯教的天比喻成一把大傘，那岡仁波齊峰就是撐起天的傘柄，太陽、星星繞行其中，下方則是大地。對苯教徒而言，這「九重萬字山」上不但刻有吉祥的符號（逆時鐘旋轉的萬字），還布滿了先聖先賢的足跡。

佛教徒堅稱苯教乃過去群魔亂舞時代的遺毒。不過，苯教徒卻說他們的信仰是一種原始的宗教信仰，源自波斯或中亞，比佛教古老。說不定歷史上的佛陀還是他們的祖師興饒的化身呢。事實上，苯教最早可追溯至象雄王國時期。象雄位在岡仁波齊峰附近，乃西藏第一個古文明。早期苯教徒通常具有祭司的身分，占卜吉凶，驅鬼招魂是他們的主要活動；其中瑜珈士更是神奇，他們可以把衣服掛在陽光上，化身為老鷹。長達兩世紀的時間，不斷擴張的苯教和外來的佛教互相爭鬥，苯教慢慢地被後者所改變，直到一千年前才又捲土重來，不過，那時已經變成幾乎與佛教無異的宗教了。

反過來，佛教也吸收了許多苯教的神明和儀軌，比方說跳神和風馬旗。這兩個宗教似乎都受到了比它們古老的不知名教派所影響。藏傳佛教好不容易才接受了所謂的「白苯」，然而白苯廟裡的雕像依然比佛教的要來得原始、野蠻，其巫術的成分也更重（至於「黑苯」則還停留在薩滿式的泛靈信仰階段）。就這樣，互相摻雜的兩個宗教共存了下來，就連在拉薩（聖地中的聖地）也是一樣。自從中共入侵以來，每年佛教的法王都會前往靠近雅魯峽谷（Yarlung valley）的吐蕃國王陵寢，在那裡點燃酥油燈，灑穀子餵布穀鳥，祈求這苯教的聖鳥能飛回西藏。

如今他已是八十好幾的老人了。他高坐在加德滿都他創建的寺廟的小房間裡，身邊堆著軟墊，摺好的被褥擺在一旁。一名僧人放了塊小墊子在他前面的地毯上，我跪坐在那上面。對面山上不時傳來印度廟宇的嘈雜聲，此刻裡面正擠滿了遊客、骯髒的猴子、塗了朱漆的雕像。

仁波切的臉上沒有任何表情，那慈祥的眼睛和依然黝黑的眉毛好像是後來才填加上去的。拋棄辛苦耕耘的苯教教區（他已經取得聖人的地位），揮別在中國被禁錮的歲月，一九六一年，他和一群喇嘛帶著苯教的經典和聖物，逃離了西藏。

「是的，那非常危險。中共的軍隊發現了我們，許多教友都被殺了。我自己也中了彈……」受了傷的他，只能留下來等死。不過，附近的人家好心收留了他，經過二十二天的休養，他趁夜穿越了邊界，來到木斯塘（Mustang）。

他已經很久沒有想起這些了。之後，他在這山巒疊翠的流亡地重建了僧院。原先的那間毀於紅衛兵之手，比他還要短命。像達賴喇嘛（他比他年輕十歲）一樣，他每天都花好幾個小時在靜坐冥想。他看起來平靜且安詳。「我們苯教比佛教還要古老，」他說：「古老太多了。我們發祥於最原始的薩滿教，沒有人知道它始於什麼時候。早在佛教八世紀傳入西藏之前，我們就已經有了自己的經典、儀規……」

我差點忘記，他們心目中最崇高的廟宇──岡仁波齊峰，是被佛教給霸占去的（許多有名的傳說都可以證明這一點）。仁波切用流利標準的英語訴說著他對神山的懷念，讓我忍不住開口問他：如今他要如何感知它的神聖。他不假思索地回答，彷彿他在流亡區已經回答過眾人無數遍似的：不要忘記從前的西藏。

「一開始岡仁波齊峰只有岩石，岩石和石頭，沒有神靈。然後神帶著祂的隨從從天而降，在那裡定居了下來。祂們現在或許已經不住在那裡，不過，祂們留下了能量，讓整座山充滿了靈氣。在我看來，那些神佛就好比殖民者。每位神佛分別來到他的管轄區住下，把靈氣留下後才離開。那些山上的聖地便是這樣來的。」

在我看來，這個故事沒有半點西方的邏輯在裡面。他口中的神好像是被派駐到各地的區長。「一開始岡仁波齊峰只有雪，」他繼續說道：「然後它變成了一只海螺，雪白的海螺，終有一天它會變成一片沙漠，一切都將不同……這也是沒辦法的事，誰叫它是別人的地盤。我們苯教還有一座更神聖的山，遠在東邊，名叫苯日山（Mount Bonri）。沒錯，你會在那裡看到我們逆時鐘繞山而行。其實怎麼轉都無所謂，純粹是我們的習慣。」

有時仁波切的嘴張得很大，好像就要笑出來，不過，我感覺得到，儘管他看似從容篤定，世事於他還是無常的、苛刻的。所以，當他在介紹他的神的時候，我竟然很不受教地想到：那生下興饒祖師的布穀鳥不知是 optatus 還是 saturatus？不可能我們整個星球都會步上岡仁波齊峰從冰川變成沙漠的後塵吧？

他說他曾去過岡仁波齊峰，在很久以前。「我總共轉了六次的山。不過，那會兒是冬天，時間不對。當時的我非常年輕，象雄地區好冷，我們踏在厚厚的雪上。它不是我的西藏。」他突然問道：「你在那裡的時候山可是綠的？可有半點兒春天的氣息？」

「有的，在山谷間是有春天的氣息。」

他笑了。他希望記憶中的家鄉是花團錦簇的。他說：「也許你喜歡那些山，但我可不。我來自另一個地區，來自東邊。那裡總是綠意盎然。」有這麼一小段時間，在他退下去打坐之前，他成了一名思鄉的老人。他不停地回想、追問我：你去過東邊的拉薩嗎？去過康區嗎？坐在加德滿都濕熱的小房間裡，他渴望聽到故鄉綠油油的牧草地，在上面徜徉的犛牛和馬匹，還有從高山流下來的雪水瀑布。

一路引導艾斯沃和我逐步接近岡仁波齊峰的阿彌陀佛峽谷瞬間開展，神山從淡紅色的斷崖中擠出，矗立在我們面前，清晰且凶險。平坦的穹頂已不復見，整個西壁嵌著黑色的巨石大屋簷，重重疊疊有如巨大的佛塔。每層突出往下彎成結冰的岩架，遮蔽著冰斗、冰槽，同一時間山頂正飄下銀色的粉雪。

才剛過中午而已，人潮已逐漸散去。這不是我第一次意識到這一點。順著蜿蜒、寬闊的峽谷望去，通常我只看到艾斯沃這個小黑點。就好像在尼泊爾的山徑一樣，只有幾名奧地利登山客如一條虛線散開。朝聖者都到哪裡去了？

才說著呢，眼前便有一隊人馬走了過來，呈逆時鐘方向。他們多半騎著馬或犛牛。隨著雙方愈來愈靠近，我發現他們並非苯教徒，而是正打道回府的興都教徒。這群人稀稀落落地走著。他們的藏人馬夫不停地在旁邊吹哨、吆喝，可他們卻悶不吭聲地騎著馬，全身包得密不透風，整張臉顯得很陰鬱。一路上他們都沒有交談，一副累壞了的模樣。男人各個面如死灰，八字鬍結了冰，眼眶也凹陷了。其中有幾個人還緊抓著用完即丟的氧氣筒。整整一、兩個小時的時間，我在山裡見到的就只有幾位金髮碧眼、奮力向前的登山客，以及這支膚色黝黑、正要下山的朝聖隊伍。

從岡仁波齊峰下來的風開始狂吹，切削著冰層。前方的山露出光裸的側面或是殘敗的雪跡。有人獨自走下山來，身穿棕色厚外套、頭臉套著面罩的她，顯得有些臃腫。她拉開扣到眼睛下方的兜帽，告訴我說，他們是從印度很南邊的班加羅爾來的，根本不適合這樣的旅行。她的聲音很輕，幾乎要被風吹散了。

「我不知道這是怎麼一回事。我們的人都認為他們可以。我們通過了政府的健康檢查：心、肺、一切功能。也許有人沒遵守規定，誰知道呢？」她的聲音聽起來不解多於疲憊。至於她的臉，儘管藏在兜帽和墨鏡後面，只露出一小綹跑出來的白髮，和額頭上用黑線描邊的鮮紅蒂卡，不過竟顯得有些悲傷。「剛開始出發的時候，我們總共有六十八個人，可一半的人到了瑪旁雍錯就折返了，因為健康的因素。胸悶、胸痛還有咳血。兩位團員失去了生命，其中一個女的才四十歲，她的肺出了問題。於是我們開始感到害怕。我們不習慣這麼冷的天氣。我想你來自西方應該很習慣吧？我現在難過死了。我們其他人繼續未完的行程，爬升到一萬七千英尺，便再也爬不上去了。我們的信心徹底崩潰了。在完成轉山之前，我們選擇臨陣退縮。此刻，我除了感到難過之外，還覺得很丟臉。」

在她後面，剩下的那幾名隊友正穿越溪谷下來。一名穿著花不溜丟馬褲的婦女半暈厥地坐在馬上，她的馬由一名強壯的牧人牽著，她的丈夫跟在旁邊，試圖扶住她。

站在我旁邊的婦人摘下太陽眼鏡，露出黑白分明的眼睛。她說：「瑪旁雍錯湖確實沒話講。我們大家想辦法靠近湖邊，把湖水淋在自己身上，從頭到腳。你知道嗎？過程中我們完全不感覺到冷，只覺得非常溫暖，因為那是聖湖的水。」她自顧自地笑了。「至少我們體驗了那個。」說完她繼續沿著峽谷往下走去，雙手抱胸，頭也不回的。

聽她這麼一說，我開始覺得毛毛的，邊走邊留意起自己的身體狀況。看來打從十九世紀衣衫襤褸的濕婆派信徒不再前往岡仁波齊峰出家起，印度朝聖者的準備就已經不足了。一九三〇年代，朝聖者如雨後春筍冒了出來，每年都有幾千名印度貴族想一圓轉山（他們叫 parikrama）的夢。歷經文化大革命的大斷層，終於在一九八一年，幾百名朝聖者由印度政府抽籤選中，有幸跨越尼泊爾西邊的里普列克山口（Lipu Lekh pass）前往聖地。像這種捐錢給政府、打著慈善名義的朝聖者（少數是中籤的幸運兒）一年就只有一千名，至於其他想去的就只好委託民間旅行業者了。健康證明被浮濫發放。這些朝聖者大多是做生意的中年人，信仰非常虔誠，我就曾看過他們一窩蜂地擠進塔克拉噶的國民旅舍。許多人來自印度南邊的低海拔城市，比方說班加羅爾或清奈，是濕婆的信徒。通常他們會坐飛機從加德滿都到拉薩，一小時之內爬升八千英尺，然後長途跋涉四天，前往西邊的瑪旁雍錯。等到他們來到海拔一萬五千英尺的地方，早已精疲力盡。也難怪過去這幾天，已經有八個人喪命。

峽谷的路愈走愈窄，風也愈吹愈強。岡仁波齊峰黑白分明的斜坡邪惡地在眼前閃爍。自古以來，高山就跟死亡分不開。印度神話的閻魔，第一個經歷死亡的人，就曾爬越「無數個山口」，給亡者帶路。在我頭上，融化的冰層掉入溪水中，發出清脆的聲響，一閃一閃地沿著峭壁傾流而下。我開始思考葬身在這裡的意義。有些佛教徒說，轉山轉到一半等於沒轉，一定要完成了才算功德圓滿。不過，方才那群印度人說不定已經覺得自己的罪被聖湖洗淨了呢？前方的路上空無一人，也不知道要問誰。不過，隨著最後一位朝聖者消失在我的視野中，許多種族的信仰（從古埃及人到澳大利亞土著）似乎變得再簡單不過。

前往山頂的道路就是通往死亡的道路。亞述語的「死亡」意思就是「去爬山」。阿爾泰語系的人大都認為靈魂離開身體後將飄往神祕的山頂。而在日本，傳統的送葬行列在出發前仍習慣大喊：「上山囉！」

隨著小徑往東北蜿蜒，細緻的砂岩逐漸不見，山坡轉為黑色的花崗岩。比較低的山脊碎裂成一塊塊突出的尖刺和護牆，形成強烈的明暗對比，崩塌的土石大量滑落峽谷，其千奇百怪的形狀一向引發朝聖者的諸多聯想。比方說，那塊有著隆起背脊和渾圓大屁股的巨石，乃一頭面向岡仁波齊峰的巨獸，人們說它是濕婆的坐騎——公牛難迪（Nandi）；至於另一塊石頭則是祭拜蓮花生大士的糕點。

西邊，在阿彌陀佛盆地最後一段黑色和橘色的峭壁下方，是第二個拜佛台，上頭飄揚著被風吹毀的風馬旗，據說那裡的岩石至今還留有佛祖把岡仁波齊峰釘在地上的腳印。不久，小徑慢慢穿越Damding Donkhang營地的綠草地，隨處可見簡陋的帳篷沿著溪邊紮營。河道開始轉向東邊。一條結冰的支流往上分流至野犛牛峽谷，留下拉曲河獨自與冰纏鬥。此刻山的西壁繞到了我們後方，讓我們瞥見了神山更雄偉、可怕的一面，幸好中間隔著比較可親的夏諾多吉峰（Vajrapari，藏語 Chana Dorje）。一個小時之內，背著雙人裝備卻毫無怨言的艾斯沃和我爬到了哲熱普寺（Drira Phuk Gompa），「哲熱普」意為犛牛角山洞。就像其他的藏寺一樣，它又破又小，坐落在岩石間，背對著荒涼的拉曲河谷，正對著壯觀的岡仁波齊。

走著走著，艾斯沃忽然豎起他的大拇指，對我喊道：「你開心嗎？」我不自覺地回答：「開心！那你呢？」私下卻有些擔心會聽到不好的答案。

「只要你開心我就開心。」

一名小和尚將我們迎了進去。狂猛的風半推著我們經過天井還有掛滿經幡的露台。今晚我們沒辦法留在這裡，給香客住的房間全滿了，雖然眼下沒見到半個人。瑞姆得往更高更冷的地方尋找合適的紮營地，我們得習慣海拔一萬七千英尺（五千一百公尺）的空氣並試圖睡著。

寺廟裡貼著唐卡的熟悉天窗，正隨著黃昏的到來逐漸轉暗。佛桌上擺滿了裝有青稞和蕎麥的小佛塔，有些還挺精緻的，留下它們的朝聖者已經走了。桌子的兩旁插著塑膠花，一層層金色和淡黃色的扇形布簾圍起牆上的佛龕。被框起來，端坐在黑暗中的眾神有如一具具玩偶。我瞥見祂們莊嚴神聖的微笑、高舉祈禱的雙手、披掛繁複的項鍊。祂們盤坐的腿和身體閃閃發光。每個神龕裡面都堆滿了信徒捐獻的錢。

哲熱普寺曾經是岡仁波齊峰一帶最有錢的寺廟。河口慧海造訪此廟的時候，裡面住著七名資深的大喇嘛；一九三五年，義大利學者杜奇（Giuseppe Tucci）在此發現了一塊印版，寺裡的僧人從中印了一份珍貴的路線圖給他。反觀我眼前的這幾位只會蜷縮在軟墊裡，就著燒犛牛糞的火爐取暖。艾斯沃和我分別用大蒙話還有中國話和他們交談，可他們竟兩者都不會說。其中兩個不停地打盹，另外一個（長得超秀氣的年輕人，留著一頭長髮，配上一雙女孩子的纖纖玉手）端了加有鹽的酥油茶給我們喝，然後便睡著了。

這間寺廟非常特殊，是轉山很重要的一個景點。十三世紀的郭昌巴大師是第一位發現轉山路線的人。傳說他被一頭雌犛牛引到這裡，進入我們上方的山洞。犛牛在山洞的岩壁上留下角印，然後便消失不見了。這時他領悟到她乃獅面空行母（Senge Dongpa）的化身。後來他進入山洞裡閉關，她不時出現來護持他。在他之後，世世代代的噶舉派僧人都會到此修行，是他開創了轉山的傳統。

此刻唯一還醒著的那名和尚，一位熱心、頭髮像刺蝟亂翹的沙彌帶著我們沿著一條步道，走入岩縫裡。步道旁裝飾著美麗的菩薩畫像，菩薩從塗著藍漆的畫框裡凝視著我們，衣帶飄飄。山洞位在傾斜突出的岩石內，昔日大師打坐的地方已經被磨平成為佛桌。順著和尚所指的方向望去，我認出天花板上傳說中犛牛用角劃出的長刻痕。一尊金光閃閃的郭昌巴大師雕像仍端坐其中，只可惜燭火太暗（就一盞油燈）實在看不清楚。我在它面前蹲了下來，這時和尚突然指著一旁的雕像，說道：「獅面空行母！」

我驚訝地看著她。這空行母並非我想像中的美艷仙女，而是一位生得豬臉獠牙、揮舞著劍的邪惡女神。如今她化身為這上谷地的獅面女神，跟這裡的石頭一樣善變。當我轉身時，發現一名年老的朝聖者在我們旁邊彎下腰來，獻上一桶添油燈的酥油，請求和尚念經時順便迴向給他（艾斯沃說的）。

就在我們要離開的時候，艾斯沃突然緊張了起來，說他得拜一下度母才行，因為我們明天要挑戰的山口（高一萬八千六百英尺）歸這位女神所管。住在大殿裡的她，全身掛滿了珠寶首飾，連她手上、腳上的眼睛都給遮住了。幸好她金色額頭上的那隻是睜開的，她的表情看起來恬適安詳，代表慈悲的藍色蓮花伸展在她身後。其他朝聖者也來這裡尋找勇氣，她輕舉起右手，比劃出悲憫的手勢。只是她的指縫裡塞滿了香油錢，已看不出那是什麼手勢。艾斯沃放了兩盞油燈在她腳邊，拜了拜後輕聲對我說：「我幫你點了盞光明燈。」然後，他重新背起他那沉重的行囊，我們走了出去，迎向刺骨的冷風。

從這裡開始，沿路皆可看到岡仁波齊峰聳峙在黃昏天空下的北壁。兩座離它比較近的山——夏諾多吉峰和仙乃日峰（Avalokitesvara，藏語 Chenresig），分別代表主掌力量的金剛手和主掌慈悲的觀世音，一左一右像門神護持著它。密教大師有感於神山四壁的對稱美，忍不住對這印度教徒幻想有濕婆住在上面，佛教徒認為有神佛接引、助其解脫的極樂世界祭拜了起來。遠方，獻給主掌智慧的文殊師利菩薩，象徵佛陀智、仁、勇三德圓滿的第三座神山——央邁勇（藏語 Jampelyang），還要在更東邊。明天我們將穿越前方的小路，前往慈悲度母（就是我們點燈祈福的那位）駐守的山口。

我們轉彎、慢慢地面對神山，向往北匯入印度河源頭的拉曲峽谷說再見。此刻我們正在攀爬某條支流形成的黑色冰川。在我們旁邊，好像有巨大輪子推動它似的，神山逐漸露出西壁壯觀、覆著雪的層層岩架，至於比較平坦、刻著萬字符的南壁已經看不到了。第一次，整座山完整地呈現在我們面前。幾近垂直的峭壁，其頂部和底部的落差高達五千英尺。它是如此陡峭，黑得發亮的陡坡幾乎為雪所覆蓋。靠近峰頂，大片雪塊崩落，滑入下方的深谷。

我的手忍不住哆嗦了起來。唯一的旅遊指南把攀登神山西壁的經驗比喻成從格林德瓦（Grindelwald）登上艾格爾山（Eiger）的北坡。對艾格爾山，我有一段不願想起的痛苦回憶。我的姊姊因為雪崩死在了那裡。當年她才二十一歲，在岩石之間滑雪。艾格爾山的陰影讓我的肺愈來愈冷。古老的冰川沖蝕附近的山溝，鑿開花崗岩壁。有好幾年，我那深受打擊的母親不敢提起她，把關於她的記憶全數埋葬。此刻天色已經暗了下來，氣溫早已降到零度以下。我全身顫抖，好像我穿著的防寒外套和保暖衣是棉布做的。佛教徒說岡仁波齊峰的北壁長得像魔鬼牽著一頭豬，上面還有龍王菩薩的宮殿，然而，我已沒有心思去觀察這些。

我父親守在警局，我在飯店的大廳，一旁我的母親正拉著不相干的陌生人陪我們一起禱告。生平我頭一次感到什麼叫害怕——我母親從來不勉強人。我們把臉埋在雙手中間，耐心地等待。整整一個小時，又也許是一分鐘，山上沒有半點消息傳來。然後門打開了，我爸衝了進來，說道：「情況很不樂觀……非常不樂觀。」一邊伸手摟住我的母親。

有好幾年的時間，她的臉上一直沒有笑容，而我也盡量避免到山上去。

我們把帳篷搭在一處狹窄的岩架上，用石頭固定住。夜晚的風不斷地從下方的山谷捲起。我們胡亂吃了些麵條還有加熱的鮪魚，便全副武裝地鑽進了睡袋。瑞姆很累、很安靜，至於艾斯沃正因高山症引發的偏頭痛所苦。我只有阿斯匹靈給他。明天我們將在三小時內再攀登個一千六百英尺，我在想什麼時候噁心會擊垮我們大家。我很想睡覺，卻全身發熱、頭腦清醒地聽著艾斯沃的動靜。通常晚上的呼吸會比較淺，痛苦也會跟著加劇。可我什麼都聽不到，置身在這稀薄的空氣中，反倒是我自己開始胡思亂想了。一整個晚上，被風吹掀的帳篷蓋口不停地拍打我的頭。我一直覺得外頭有聲音，想來是雲霧正在山裡翻騰吧？

第十五章

天還沒亮我便已鑽出帳篷，天空依舊掛滿著星星。風停歇了，偉大的荒漠靜極了，呈現一種絕對、原始的沉默。此刻我們位在海拔一萬七千多英尺的高山上，空氣十分稀薄，薄到我的聲音就可以穿透它。雖然我的呼吸比平時淺，聲音卻大得嚇人，於是我找了塊石頭坐下，一邊調整自己的呼吸，一邊等待朦朧的曙光緩緩注入下方的峽谷。

經過一夜的休息，艾斯沃的頭痛已經好了，此刻又是好漢一條。瑞姆奢侈地煎了三顆雞蛋，並開始拆解我們昨天睡過的帳篷。當我們要喝時咖啡已經冷掉了。我的頭很輕，彷彿不是自己的，不過，我身上的疼痛全不見了，發自內心深處的興奮感讓我對前方山口的危險視而不見。雖說天還濛濛亮，太陽尚未完全現身，但我們已經動身了，因為我們得在天黑前走上十四英里的路。

我們正爬著的盆地積雪依舊很深，連卓瑪拉河（Drolma-la river）都結冰了。一條搖搖欲墜的橋低掛在這冰獄中。隨著我們小心翼翼地穿越雪地，岡仁波齊峰北面的騰空拱壁展現在我們前方。至於後方，拉曲河附近的山巒正湧起清晨的雲海。寒風刺骨。腳下，剛醒來的河流正緩緩流進看不到的冰洞隧道裡，發出嘩啦聲響。

走了一陣子後，名為香之峽谷（Valley of Incense）的冰磧丘出現在我們南邊。一條山脊將它宛如露天圓形大劇場般包圍著，矗立在長長脊柱最高處的正是岡仁波齊峰的雪峰。此刻它看起來又不一樣了，半隱藏在蒼白的雲層後面。

昨天我還在想為什麼沿路碰到的朝聖者那麼少，現在我總算了解了。大多數人都在天還沒亮前就出發，用不到兩天的時間完成轉山。有時他們就紮營在路邊，難怪一大早就已經走過我剛經過的冰川。他們的隊伍很零散，通常是兩到三個人一組，老人家一手拄著拐杖，一手轉著經筒；牧民則牽著馱負重物的犛牛。他們的服裝混合了新潮與傳統，有人穿著領口大開的長外套，束著華美的腰帶；有人則是鴨舌帽配棉襖。他們看上去快樂極了。偶爾他們會跟我打招呼，彷彿我們有著同樣的信仰。他們長途跋涉，腳上卻只穿著便宜的運動鞋和薄底的拖鞋。肩上的包袱就用一條破繩隨便綁著。你訝異於他們的速度、他們的愉悅：他們的價值觀不是全被推翻了嗎？尤其是老一輩的人。你想起文化大革命，想起中共對宗教的迫害，你以為他們過得很苦，受盡磨難。可當他們衝著你笑時，竟有如孩童般純真。女人家身穿開高衩的鮮豔圍裙，戴著亮晶晶的首飾項鍊。有些把寶寶（絨球帽下的小臉蛋乖乖地睡著了）背在背上，有些則溫柔地把小孩牽在自己身邊。

他們眼中的世界長什麼樣子？我不知道。有人飛快地念著「唵嘛呢叭咪吽」，並數著手上的念珠。大部分人都只是安靜地走著，彷彿轉山本身就很有意義了，不必多言。學佛的人宣稱：只有不美麗的眼睛，沒有不美麗的事物。世界會因為你看它的眼光而改變。就說一個小山洞好了（某本神聖的指南如此寫道），上師喇嘛能從中看出一個美麗的城市，道行比較差的瑜珈士看到的是間很棒的小屋，至於一般人則只看到一堆亂石和雜草。一個偉大的成就者凝望著岡仁波齊峰時，能看到山上勝樂金剛的宮殿，以及服侍祂的十六位明妃，不過，他卻在內心把這景象美化為住著菩薩的曼陀羅，明妃也大量增加為六十二位，然而，這些到最後都會被他當作幻象給一一破除。

不過，這點並無法引起此刻正超越我的朝聖者的共鳴。他們的想法比較實際、比較感官。腳下的土地或許長著治病的藥草。那些自然形成的石頭當然是神，要不至少也是祂們的居所。岡仁波齊峰是國王，圍繞它的山丘是大臣。一群比較低階的靈會不時出來作怪，騷擾路人。空行母和山神一直都在，只是看不到而已。

關於這些神祕居住者的知識（祂們的行蹤和力量），早在十三世紀，就被大量寫入朝聖指南裡。有些目前還在用。祂們的故事藉由口耳相傳，在朝聖者之間廣泛散播開來，有些更被沒受過教育的人加油添醋一番，變成了神話。貝德克爾（Baedeker）公司的旅遊指南就是這樣來的。他們把描圖紙蓋在地形圖上，幫每個景點編故事，增添其神聖性。於是岡仁波齊峰成了四面對稱的金字塔，每面各有一個拜佛台正對著它，至於簡陋的貢巴，在人們眼中成了華麗的寺廟，只因其地理位置非凡。貢巴裡的雕像和寶藏被恭敬地列成了清單。每個山峰和冰丘也都取了跟神佛有關的名字。隱密的山洞裡充滿了赫赫有名的苦行者的觀想，甚至是他們的苦修點滴。每一塊奇形怪狀的石頭（可能剛好顏色深一點或是有凹洞之類的），都是聖人或當地英雄走過的痕跡。想要累積功德、消除罪孽，只要做好事前的規劃、評估，按照不起眼的指標把山走完一圈，便能達到效果。

最完整豐富的轉山指南是在一百年前，由一名噶舉派的僧人完成的。他大量聽取耆老口述並複製蒐羅早期的版本。沒有一位朝聖者可以走完他書中所寫的景點的一半。一開始他便開宗明義地說，宇宙起源自狂風暴雨，神、魔之間互相攻伐，後來岡仁波齊峰的神皈依了佛教。這位作家也提到了另一派主張勝樂金剛不住在岡仁波齊峰上的說法。不過，他虔誠地反駁了。接下來便是用淺白文字書寫的詳實路線和一大堆天方夜譚。就在我們前方分叉出去的小路上，有一個密宗大師的腳印，這位大師與五大空行母家族過從甚密，此外還有一塊長得像勝樂金剛明妃的石頭，旁邊跟著一位忿怒相的護法。再來則有女魔神已經石化的乳頭，和獻給醫治痲瘋病人的觀世音的山洞，最後是噶舉派喇嘛留在石頭上的眾多腳印，作者不忘把自己的也加進去，更附註一點：「關於書中所提到的『此乃神的化現，此乃神的宮殿』等等，某些持異端者可能會不以為然，認為是筆者自己胡扯亂掰。其實，他們之所以看不出來，純粹是因為他們的覺知太差。」

當我們往上爬的時候，卓瑪拉河也正穿破冰層，在另一條道上潺潺流著；河谷的兩邊堆疊著破碎的花崗岩，人們用大量的石堆或刻在石頭上的真言祭奠看不見的神祇。在我們南邊，一條名為空行母密道（The Secret Path of the Dakinis）的小叉路順著山間的小溪向前延伸。這條路比我們眼下走的這條更高卻也更短，可減少約五英里的路程，但一般朝聖者視之為畏途，鮮少有人敢踏上它。所謂的空行母可能是善良的仙女或是守護山的山神。她們很早便存在於西藏，也許比佛教還早。她們擁有在岩石間悠走自如的能力，並會說鳥類的語言。不過，她們也有可能突然以醜相現身，就好比在哲熱普寺嚇到我的那位豬頭女神，引發毀滅和死亡。

站在叉路的路口望過去，前方是雲霧繚繞的岡仁波齊峰，中間隔著其他山脈。我們走的這條路與河岸平行，起伏不大，走著走著我們竟然走進了垃圾場！冰凍、腐爛的衣物糾結在一起，堆成一座山，或覆蓋在周圍的岩石上。這亂象可不是隨便生成的。所有褪了色的衣物，甚至掀了皮的鞋子，幾乎全是完整的、沒穿過的。包包、靴子、襪子、帽子滿地都是。一百碼外的斜坡上，石頭全被套上了毛衣和帽子。這個戴了一條項鍊，那個繫著一條新絲巾，還有一個上面黏了一撮人類的毛髮。

我們正走過金剛瑜珈母（Vajra Yogini）護持的墓地，它讓印度教徒想起老家名為地獄坡（Shiva Tsal）的神聖墳場。上頭那高起的平台曾經是個天葬場。滿地的圓錐形石堆用來安撫負責看守屍林的空行母，偶爾在朝聖途中死亡的無名屍也會被丟在那裡，他們轉山的功德因此得到保障。出於信仰，艾斯沃行禮如儀地沿著衣物堆起的垃圾山繞行，並爬上那平台。我在旁邊等著，努力保持呼吸，強風把褪了色的衣物從石頭上捲起。

這片墓地，別看它那髒亂的樣子，可是許多人轉山的重點所在。被埋葬在這裡的並非真正的屍體，而是人們不想要的過去。被丟在這裡的衣物或毛髮是給死神閻魔的祭品，好讓在地獄邊緣徘徊的死者能順利投胎轉世。有些朝聖者甚至會留下自己的牙齒或滴幾滴血在石頭上，這樣有一天自己死了閻魔才會記得他們。他們零零落落地走著。有個男人停了下來，堆了個小石堆，並放了東西在下面。一個游牧民族的家庭一邊繞著衣物堆起的瑪尼堆走，一邊口齒不清地念著給空行母或其他神明的咒語。他們的頭髮披散在寬簷的帽子底下或隨風四散飛揚。他們的狗在衣服堆裡打滾。一群來自日本的佛教徒迷惑不解地拍下這一切。

不久，一位年輕人爬上高處的平台，並放了件衣物在裡面。他會說幾句英語，不過不是很容易懂。「把你覺得珍貴的東西、跟你很親密的東西留下就對了。」他張開十根手指頭。「有人甚至會剪下自己的手指甲。我剛放了自己最喜歡的短褲在上面。」

我客氣地問：「為什麼？」

他頓了一下。這個問題似乎很蠢，要放什麼純粹憑個人高興。終於他指了指天上，「因為總有一天要上去的嘛！」

我目送他健步如飛地離開，一旁的印度人則頂著風、吃力地騎在馬背上。

這個場所所代表的意義十分複雜。有些朝聖者會留下死去親人的衣物、照片，甚至是一小撮骨灰，以祈求不管他們轉世為何都能得到福報。不過，根據佛教的說法，生者其實無法幫助靈魂已經不存在的亡者。亡者能否解脫與因果報應和個人的根器有關，這樣做撫慰的是哀悼者，而不是被哀悼者。呼吸著寒冷、稀薄的空氣，我略帶哀傷地凝望著衣物堆起的瑪尼堆，它象徵著絕對的失去。凡所有相皆是虛妄，牧羊人的即興歌聲是空，在格林德瓦的輕快笑聲是空，對狗兒的寵愛撫摸是空。在我旁邊的山坡上，一塊塊穿戴整齊、被風吹削的石頭宛如一尊尊侏儒。

幾碼外，一堆衣服高高堆起。一名長者躺在它的旁邊，閉上眼睛。他肩上的飾帶歪了，羊皮襯裡從袖口露了出來。人們在這裡預演自己的死亡。有時一群人就這麼躺下，由一位喇嘛看顧著。不過此刻就只有這名老人，他對我咧嘴一笑，然後便走開了。再往前過去一點，在險峻的夏瑪里（Sharmari）峰底下，有一塊名叫「閻羅王鏡子」（業鏡台）的赤褐色大石板，只消往它一照，過去所犯的罪行便會全數現形。有人說此乃地獄的縮影。人們接受它的警告，心懷畏懼地帶著作為供品的衣物、過往的人生繼續往上走。這正是轉山的精髓所在。從這裡開始，坡道的起伏突然加劇。朝聖者正經歷形式的死亡，印度教徒和佛教徒皆然。他們還有一千英尺要爬，等他們上氣不接下氣抵達度母山口時，將重獲新生。

就這樣我們爬過短暫的死亡之地。周圍的峽谷突然變得十分陡峭，斷裂的花崗岩散落一地，本來的乳白色或橘紅色變成了深褐色。河在一旁潺潺流著，一座新的雪峰矗立在我們面前，遮住了地平線。

在其陰影下，朝聖者就像是一隻隻螞蟻，朝救贖之路邁進。他們大多很窮，時刻將死亡銘記在心。從這個示現到那個示現的道路（此刻他們正經歷的旅程），一直存在於他們的信仰。就說佛陀本身好了，其最初和最終的教化都把焦點放在無常，而西藏的喪葬儀式更鉅細靡遺地記載在《度亡經》。這是唯一一本西藏為外界所熟知的文獻。我年輕時便讀過它，事隔多年再重讀一遍，即使已不再熱衷，仍對我的旅程有所啟發。

它的「救度密法」（Great Liberation by Hearing，或譯為「聽聞解脫密法」），乃幫助世人跨越死亡與再生階段（中有時期、中陰階段）的無上寶典。行法時，在亡者的耳邊大聲念誦此經文，將有助於轉世投胎到比較好的地方。

最好由一位具有戒行的喇嘛來念，由修道有成的存者來引導散亂迷惘的亡者。那聲音聽起來有點干擾，帶有催眠的力量。其所揭示的真諦（佛、菩薩會出現在黃泉路上接引我們）是權威、篤定的，並經臨床證明確實有用的。這是一本宗教與科學交會的書，對西方世界具有獨特的魅力。榮格稱此書為他的終身伴侶，並認為寫這本書的喇嘛扯下了罩在人類最大祕密之上的面紗。它讓叛逆前衛的連恩（R. D. Laing）還有威廉．柏洛茲（William Burroughs）著迷不已；一九六〇年代中期，提摩西．莉瑞（Timothy Leary）更藉助迷幻藥施行書中儀式，幫病人做精神治療。

而在西藏，它的故鄉，「中陰救度法」是一套超度亡者的實用辦法，一向為古老的寧瑪、噶舉派，甚至苯教所推崇。它建立在這樣的信念上：人在真正斷氣後的七七四十九天，並沒有完全死亡，這時於屍體旁邊（若無屍體，則於亡者床榻或其平常坐處）念誦此法，它還能聽到也還能照做。有三天的時間，亡者會看到一道純白的光，這讓他們很害怕也很慌亂。不過，他們的耳朵依舊可以聽到從人世傳來的救度指示：

嗟！善男子：諦聽勿亂！汝今已有法性妙明境光，開始起現於前……

這時，如果是上根瑜珈士的話，便能認取這光有如空光（有人將它比喻為皎潔的月光），聽從指示，與它合上去，得證涅槃。

不過，大部分人很難一開始便醒悟，隨著最初光明的消失，一系列的寂相聖眾（顯現莊嚴肅穆寂靜相的佛菩薩）將五彩絢麗地現身，如此情況將持續七天。同一時間，畜生道不刺眼的光也會一併顯現。這時行法者需敦促亡者：某某你不要害怕，要能認取五彩炫目之光，與佛性合而為一。在這個階段，每當亡靈被迷亂幻境所牽時，便會有另一個佛菩薩現身，而經文也將在他耳邊反覆響起：

嗟！善男子，所謂死者，今茲已臨。夫脫離此世，非汝一人，一切皆爾……

一旦第一階段的祈願無效，佛菩薩將不再以寂靜相現身，而會顯現比較可怕的明王相。在這新一輪的七天當中，大量的飲血忿怒尊出現。祂們頭上、身上戴的全是毒蛇和人骨，他們交纏在一起的明妃手持注滿血液的顱器，十分可怖。不過即便是這時候，只要亡者能認取此境相乃出自各方佛土，亦是自性之顯現，便能度化自己，證成報身佛。

嗟！善男子，如是境相現前之時，汝當勿怖，勿生恐懼。要知汝今自身，已成為「習氣意生之身」，雖逢砍殺，亦不致死。

不過，如果亡靈無法認清這些惡鬼乃同一佛菩薩的各種化身，它將陷入更迷亂的幻境。業力所牽，使它對各種境相更加畏懼。所有的飲血忿怒尊變成了閻羅王一人，祂的鏡子至今仍橫在轉山的路上，照出往度母山口走去的朝聖者的罪行。此時亡者的靈體只消一動念，便可去到任何地方，可它的痛苦卻是與日俱增。它回到生前所熟悉的地方，卻再也無法進入自己的身體。它聽到親人為他哭泣，可他們卻聽不到它的聲音，對它不理不睬。此刻它生前的所作所為就像狂風暴雨從它身後吹襲而來。一幕幕，就像永遠無法醒來的噩夢，使其更加畏懼。亡魂墜入無底深淵，聽見天崩地裂之聲，它怕得四處逃竄，見縫便鑽。終於閻羅王拿出黑白兩色石子計量它生前所做的壞事和善事，並將其斬首肢解，開腸破肚，讓它一再飽嘗粉身碎骨的痛苦。然而，血肉之身已死，不會再死，殊不知眼前所見（閻魔獄卒、飲血羅剎、牛鬼蛇神），依舊是自識迷亂所出現的幻相啊。

嗟！善男子，善自諦聽！……今者若再因散亂而失此機，則大悲聖者慈眼注照之視線，即將中途阻斷，汝則不能解脫，唯有逐業而行矣。

到此地步，如果亡者仍不醒悟，那它便得投胎轉世。六道（天道、阿修羅道、人道、畜生道、惡鬼道、地獄道）輪迴即將開始，亡魂將選擇相應的胎門。不過，即使在這個時候，仍有選胎（選擇一個好的地方去投胎）和閉胎（把胎門關閉掉，壞的地方不能去）的救度方法。葬禮的最後，主持超度的喇嘛將巧妙運用刻有亡者姓名的牌子，提醒亡者，直到它選擇一個最好的受生之處。

回到加德滿都的和尚塔西告訴我，他如何對著祖父的屍體念誦此《度亡經》。「我的祖父是一名喇嘛，在村裡做了很多善事。」他說：「所以他不會受太多的苦。剛成為中陰身的時候，亡魂大都不知道自己已經死了。它可以看到一群人圍繞著某個東西，正傷心地哭泣。它可能得漂泊一陣子，才會明白發生了什麼事。」

在寺廟的花園裡，在鮮豔的木槿花和金盞花的包圍之下，這本遊記聽起來有如天方夜譚。然而，塔西講到它的時候卻是自信滿滿，彷彿它是他的創作。「亡魂把腳放進溪水裡，卻看不見自己的腳；又或者，它會突然發現自己沒有了影子。於是它終於明白，它的肉身已經死了⋯⋯」

塔西認為，《度亡經》乃出自蓮花生大士之手。不過，其實它的儀式好像從十四世紀起便已具備初步的雛形，並在三百年後由一位名叫仁津尼瑪札巴

（Rikzin Nyima Drakpa）的神祕主義者將其標準化。此人在岡仁波齊峰留有很多令人懷念的神蹟。

一邊是散亂無明，一邊是證悟成佛；一邊是業力幻相，一邊是本性光明，受到兩方勢力的拉扯，在超度亡魂時必須很小心，不可稍有鬆懈，否則便會失敗。即使如此，還是會出現所謂的delok，死後復活的人（他們似乎大部分是女人）。塔西好心或危言聳聽地告訴我。

我知道他們，我說，不過他們頂多就是反映出生前的樣子。可有人回來後完全變了一個人嗎？

這時塔西突然變得很迷信、很天真，他告訴我說確實有借屍還魂的例子發生。「我們村裡就有一個小女孩是借屍還魂的，她原本是隔壁村的小孩。有一天她突然跑回前世的家，大聲喊出她年邁父母的名字，把大家都嚇傻了……」

「不過，就你的信仰來說，前世的記憶怎麼還可能存在？」我聽出自己聲音裡的質疑。因為佛教教義講說靈魂是不可能記住自己的前世的。它會長成另一個身體，擁有另一個童年、另一對父母。「不是一切都被破除了嗎？」我的聲音聽來頗為刺耳，我知道，我故意的。我竟期盼這小小的和尚能替我解開生命之謎？

他笑了，似乎早已習慣處理這樣的矛盾。「那是因為他的業還留著。生前所行的善和惡還保留著。」

「所以沒有人能逃過六道輪迴？沒有人能留下記憶？」

「沒有。」他感覺到我的焦慮，用略帶同情的口吻告訴我說：「你知道我們佛教說什麼來著？」

我知道，我當然記得。

汝當把情見覺破，把愛根斬斷。

岡仁波齊峰正慢慢地消失不見。夏瑪里山的雙胞胎峭壁占據了它本來的位置，此刻它的峰頂又有了不同的樣貌。從這裡看過去，那被其他山脈掩住一半的北壁已經不像是格林德瓦的艾格爾山或是任何我記憶中的山。山頂因飄浮的雲而發著光；往下散開來的沖積扇美極了，彷彿小丑的帽子或吊鐘。只是空氣依舊十分稀薄。

走在高海拔山區的登山客偶爾會感覺有人在背後跟蹤他，可他卻看不到對方。通常那個人已經死了。我沒有這種感覺，倒是有一、兩次，我產生有人走在我前面的幻覺。

我只有十九歲，我獨自哀悼著，為了曾經與我形影不離的你哀悼著。你一直在我耳邊說著笑話。我們正爬上一萬八千英尺的山口。你問我還好嗎？我這好做白日夢、沒責任感的弟弟，是的，我還好。

我有好一陣子沒見到你了。我不斷試著想起你的臉，直到那張臉蓋過了你。

路愈來愈陡。原先沿著河床走的犛牛和迦卜牛正緩慢地往人群靠攏。我不時靠在石頭上休息、深呼吸，害怕高山症不知什麼時候會發作。前方是綿延無盡頭的上坡路，兩側的岩石全是黑的，上面罩著厚厚的積雪。絢麗多彩的顏色不見了，只剩下黑與白，還有隱現在大片山脊後面的天空藍。置身在凍結的空氣中，每個人都包得密不透風，只露出兩隻眼睛。腳程快的藏人可以靠他們身上戴的佛珠、拐杖、裝有酥油茶的保溫瓶來辨識他們，除此之外，其他人長得都一樣。你分不出誰是印度人，誰是德國人，誰又是奧地利人或俄羅斯人。一名牧人帶著他的兩隻獒犬同行，牠們脖子上戴著祈福的紅色羊毛圍巾。

這裡的巨石成了大家爭相朝拜的景點。我們走過殘破的花崗岩迷宮：兩旁盡是銀灰、珠光粉的石頭，每塊都有房子那麼大。密勒日巴就是在這裡打敗他的對手苯教巫師的。他成功地把第三塊石頭疊在對方的第二塊石頭上，並留下這傾斜的石柱，印上自己的腳印。

對朝聖者而言，這裡沒有一塊岩石是不會說話的。他們三三兩兩地，親密地坐在它們中間。他們會鑽進石縫裡或爬進岩盤底下，以測試自己是否功德圓滿。於是石頭變成了神山審判人類的一種方法。有一座裸露的大岩山，叫「善惡審判之境」，裡面有一條象徵地獄的天然隧道，朝聖者若能穿過它便能達到更高的境界。石縫裡的岩石會一一測試鑽進來的身體是否純潔，當然，如果你費了很大力氣去鑽的話，它也保證能免除你一半的罪孽。

三名朝聖者快樂地坐在一起，用不流利的大蒙語，跟艾斯沃講述他們面對雙胞胎峭壁、接受審判的那一刻。不過，他們無法鑽過那隧道。它看上去窄到不行，裡面還被冰堵住了。全世界最瘦的瘦子都有可能卡在裡面，他們說。那裡的石頭什麼都知道。兩年前他們試著把一名胖同伴塞進去。「他的塊頭跟你一樣大！」他們向我喊道，哈哈大笑了起來。他們三人一個負責推，兩個負責拉，經過半個小時的努力，那名同伴出來時變瘦了、罪也洗淨了，可他渾身是血，都快窒息了。我才沒那麼笨呢！我不會等到雪融了再去嗎？

山路帶著我們繼續往上走，兩旁的峭壁往中間縮緊，各種奇形怪狀的石頭包圍著我們，遠遠看去，人就像是一片片鐵屑往山口邁進。我們在陽光底下邁步前進。太陽忽隱忽現，當它被雲遮住時，空氣就變得特別凍。地上的冰印著犛牛的蹄印，踩起來又脆又硬，即使現在是六月天。一陣強風颳起。路沿著山坡蜿蜒，眼前所見只有雪和花崗岩。我們正爬過黑白兩色的地獄。數以百計的石堆和刻了字的巨石散落在路的兩側，聳立天際。依稀可看見石頭中間，女人身上的的鮮紅色圍巾隨風飄搖。再一小時就可以攻頂了。我們右邊的卓瑪拉河正慢慢消失不見。沉默的犛牛隊伍（有的有金色的頭和尾巴）走在我的後面，牠們的蹄子用力地踩在石頭上，牠們背上的騎士（焦慮的印度人）緊抓著馬鞍。期間，一名留著鬍鬚、穿著破運動鞋的老人輕鬆地趕上了我，他用顫抖的手摟了下我的肩膀，帶來不可思議的溫暖。

我們來到一彎神聖的小溪，犛牛在此飲水。屠夫比任何人都崇拜這段支流，因為他們得靠它來洗刷殺生的罪業。艾斯沃終於也停下了腳步，他整張臉包得密不透風，只露出兩隻警戒的眼睛。他說：「我們不能在這裡停留太久，我的頭……」

又有人走在我的後面：一名朝聖者，帶著他的老婆、孩子還有牲畜。他並沒有被現代的潮流所淹沒，自有一套生活的方式。他看起來樂觀且熱情。他來自北方的湖泊區，或來自更遠的地方，不管怎麼樣，這些都是功德。他對著神山不停地膜拜，他腳下的泥土都要被他的體溫給熨熱了。咒語的力量是很強的，就算你不懂它的意思，山頂的眾神也將回應於它。他記得村裡巫師說過的每一句話，並安撫了可能潛伏在河裡的龍神。冰冷的河水具有淨化的效果，他用一個小玻璃瓶裝了河水，打算帶回去給他的母親。這是他為何來此朝聖的原因。除了希望母親的病能夠好之外，也希望邪惡的地主可以放過他的青稞田，家裡的第三隻犛牛能夠平安出生。這些對他來說是最重要的事。他的老婆，他跟兄弟共同擁有的老婆可能有其他的想法，女人的想法。他自以為很了解她的想法。

在最後那間廟的幽暗殿堂裡，他當著觀世音菩薩（很多隻手的那尊，他也不確定是不是）的面，燒了杜鵑花的葉子還有杜松的樹枝。他相信，他給的糌粑足夠讓神明保佑他。他還點了盞酥油燈，祈求中共能早日撤離西藏。那幫壞蛋把他的祖父擄了去，送回來時已是屍體一具。他記得他爸哭得有多傷心。他連象神洞也去了，還從保溫瓶裡倒了些茶出來。廟裡的和尚給了他用聖土烘製的藥丸，那藥挺便宜的，花不了幾個錢。在天葬場，他從身上的秋巴剪了塊羊毛下來，並將它留在了那裡。這樣做之後，他覺得整個人輕鬆多了。他老婆留下了一串念珠。這下子閻羅王應該不會再找他們麻煩了，他們的罪已經洗淨。

路突然轉向，穿越冰河層，往最後的陡坡延伸而去。腳下的山巒顯得粗礪且破碎。大地如此蒼白，唯一的顏色是岩石上的苔蘚所呈現的紅銅色鏽斑。我的頭一點都不痛，只是輕飄飄的、昏沉沉的。對高山症的恐懼已逐漸散去，取而代之的是缺氧的疲憊。我每走十步就得停下來休息，努力吸取氧氣。哪怕是多做一個動作（登上突出的岩架或跨過一塊石頭），都會氣喘吁吁。我等著令人痛苦的呼吸困難再度把我打倒，可它並沒有發生。我試著把目光鎖定在腳下閃著熒熒雪光的土地，指揮雙腿不斷地往前邁出。沿路盡是剛穿上祈願衣物的大石頭，被丟棄在石縫裡的氧氣空瓶。一撮毛髮（人或犛牛的）掃過我的腳踝，一顆馬的頭骨在雪地裡發著光。

人類命喪於此。大多數人認為騎馬比走路安全。河口慧海飽受頭痛所苦，就連斯文．赫定也是靠著犛牛才登上山口。倒楣的翰薩尊者（Swami Hamsa）差點因為雪崩而死掉。一九八六年新橋蓋好之前，甚至有人淹死在哲熱普寺下方的冰凍河水裡。死掉的印度教徒按慣例會被送回印度，可其他人就直接留在山上。赫定就曾經發現像破布一樣被塞進岩縫裡的屍首，最近還有朝聖者讓內臟已被取出的女孩屍身給絆倒。

偶爾也會看到土生土長的藏人四肢發軟地癱在岩石上，女人家黝黑、穿金戴銀的手緊抓著石頭。印度教徒臉色慘白地騎在馬背上，蒙住口鼻。從前方的山口颳來一陣冷風。我們的呼吸因為虛弱或是禱告而發出刺耳的聲音。隨著沉重的腳步聲和蹄踏聲響起，呼吸變得更加微弱。我停下來，跪在地上，書寫筆記。我的手指凍僵了，字跡十分潦草。此刻，當我試圖讀它的時候，只覺得每個字都像鬼畫符一樣。這鬼畫符還被凍雨的濕氣或鼻孔噴出的熱氣給弄糊了！一名朝聖者在我身邊吶喊著，可不管當時我聽到的是什麼，如今已無紀錄可考。就連我對一馬當先的艾斯沃的擔心，還有壯麗景色（四周起伏的山巒）的描寫全都變成了一堆亂碼。

郭昌巴大師開發了繞行神山的路線，成為第一位登上山口的人。話說當時他誤入空行母密道，正躊躇著不知該怎麼走時，突然出現了二十一匹蒼狼。訝異的他跟隨著狼群來到路的頂端，就在這時二十一頭狼忽然合而為一，並沒入山頂的岩石中。於是這位修行者明白這些狼是二十一位度母化現來指引他的，這裡由她們護持。越過度母山口後，路會往下俯衝約一千英尺進入山谷。不過，在那之前，朝聖者得先登上海拔一萬八千英尺的轉山頂點，深入純白潔淨的世界核心。

此刻風在我們頭上呼呼地吹著，一座五顏六色的小山突然從前方的裂口蹦了出來。地勢有如波濤起伏，山巒背後是沉靜的瓷白色天空。一堆經幡擋住了我的去路，我得穿越它們才能繼續往前走。經幡上頭綁了一堆有的沒的，導致唯一能獻給度母的只剩那塊巨石（火焰石）的兩個尖角。曾經高高豎起的旗竿早就因為負荷不了旗子的重量而折斷了，鮮豔、凍裂的三角旗幟混亂地拖曳一地。信徒在繞行那塊聖石時，還得小心不被地上的繩索或穿了衣服的石頭給絆倒。若你試著揭開罩住聖石的鮮豔帷幕，你會發現到處都是用紅漆和黃漆寫的咒語，還有用酥油黏在上面的錢幣、頭髮，甚至是人類的牙齒。我不管三七二十一，奮力沿著一顆顆石頭踩上去，穿越這片旗海。我的腳陷入衣物堆裡，鞋子、餐盤、動物頭骨孤零零地躺在半融的冰層上。不過，空氣中瀰漫的竟是令人振奮的勝利氣息。

精疲力竭的朝聖者三五成群地坐在一起，享用茶和炒過的青稞粉。也有人在經幡旁一邊磕頭一邊流淚，手掌和額頭貼著地面。更有一些人圍成一圈跪著念經，發出像貓咪的喵嗚聲。兩名僧侶面對面靜靜地坐著，印度教徒拿出帶來的甜食分給大家吃，以示慶祝。不時有新到的人發出愉快的歡呼聲。祈禱聲迴遢在空氣中，在風中飄散。一對巫師（他們的道袍繡了紅色和金色的滾邊，頭髮隨風亂舞）用力地把糌粑灑向空中，大聲呼喊著：「Lha-so-so-so! Lha-so-so!」眾神萬歲！

我加入他們的陣容，沉浸在他們的喜悅中。在這荒涼絕境，看到五顏六色的壯觀旗海，心中的感動實在難以形容。就連前方裸露的岩石上也掛滿了經幡，那上面留有幫郭昌巴大師引路的狼的足印，只有心境澄明的人才能看到。

那二十一匹消失不見的狼乃當地女性菩薩的化身。西藏人叫這些千變萬化的女神為Drolma，救度的佛母。祂能赦免他們的罪，讓他們煥然一新地回到山下的世界。綠度母和白度母是祂最常顯現的相，分別主掌母性慈悲和行動果決；祂坐在蓮花寶座上，背後映著一輪明月，有時一條腿伸出，隨時準備聞聲救苦。祂的身體可以化作七彩虹光，使原本的二十一種面相（雖然在壁畫裡看來都一樣）衍生出更多不同的面相，祂還可以毫髮無傷地自由出入地獄。總之，祂是慈悲的佛母，乃觀音菩薩的悲淚（觀音菩薩悲憫塵世間未救渡的眾生甚多，因而憂傷流淚）化現而成。只要呼喚祂的名號，觀想祂的曼陀羅，祂便會飛來搭救你。祂的神像會說話，祂是所有西藏人的母親，悉心守護著他們，直到他們命終時，因此就連不識字的信徒都能背誦祂的禮讚，在那片掛滿經幡的岩石上我就曾看到這篇禮讚。

習俗規定，得留下一些東西在度母山口並拿走一些。在前面等我的艾斯沃從塔欽帶了一串風馬旗上來，於是我們一起把它跟其他的綁在一起。不過，他突然又覺得不舒服了。即使隔著全罩式的帽子、太陽眼鏡、防曬油的反光，我還是看得出他的臉色十分蒼白。他想要趕緊下山，卻不好意思拋下我。他背著沉重的包袱，我幾乎什麼都沒帶。我叫他趕快走。

我在附近晃了一下，捨不得離開。天色愈來愈陰暗，其他朝聖者正慢慢地走開。我等著，以為有什麼事會發生。不過，只有粗礪的風和黯淡的太陽陪著我。有生以來我第一次感到空氣如此稀薄。眾人的興奮之情化為短暫的誦歌逸入空中，帶給我撫慰的力量。

在某個口袋的深處，我發現一盒檀香，那是塔西交代我到山口時要幫他點上的。他說：「我想我自己是去不成了。不過你可以替我帶去。」

頂著強風，我仔細閱讀包裝上的文字。上面寫說：「這香不只能禮佛敬神，還能迴向給六道的冤親債主，驅邪除障。」

我忘了帶火柴在身上，不過一名熱情的年輕人（一手持念珠，一手拿相機）借給我他的打火機。我躲在經幡的後面努力了很久，終於點燃了一束。迎著風，我遙想關於塔西的一切。然後我走下山去。

想要抵達下方的峽谷得先走上一英里路，並克服一千四百英尺幾近垂直的落差，看樣子我應該早點動身才對。步道沿著險峻望不到盡頭的山脊，筆直衝向堅硬如燧石的岩層，腳下的灰色廢墟是如此荒涼，沒有一株草、一朵花。這路對犛牛來說太陡了，連騎在馬上的人都必須下來，否則馬兒根本無法行走。

就在一瞬間，冰川形成的湖泊托吉錯（Gaurikund）突然出現在下方的盆地，這是世界最高的湖泊之一。它隱身在峭壁下，周圍鑲了一圈半融化的淡綠色白雪，中間依舊是純淨的白雪。前往這湖泊的路是如此崎嶇，鮮少有朝聖者敢挑戰它。佛教徒管它叫「慈悲湖」。它是空行母同時也是雪山女神帕爾瓦蒂的澡池。帕爾瓦蒂是濕婆的老婆，她洗澡勾引他。只有夏天快結束的時候，膽大的朝聖者才敢走下山去，去汲取那湖水，把水淋在頭上，享受雪水的洗禮。

途中我看到一條頗新的紗麗，又紫又金的十分漂亮，就這樣被丟在路旁。附近一名苦著臉的印度教徒背抵著岩石而坐，全身癱軟地望著湖水。看見我他問說：「離峽谷還有多遠？要走幾個小時？」

我大膽揣測了一下。他應該是來自馬來西亞的印度教徒，長那麼大從來沒有見過這樣的地方。「我不曉得。我以為會很輕鬆，所以就跑來了。」他看起來好像快不行了。「其他人都走掉了。」

「走去哪裡？」

「我們這團共有二十三個人，就我們七個挺了過來。」

「不過，你已經完成最困難的部分。」

「我們聽說只要在瑪旁雍錯沐浴，並完成岡仁波齊峰的轉山，一切都會好轉……」

「所以你將會累積功德？或是得到moksha？」此乃印度話的解脫。

「也許吧。」他的聲音聽起來有氣無力、十分沮喪，彷彿這些於他已無關緊要。「其他六個人拋下我走了。」他突然抓住我的手。「你說山下會有馬嗎？」

「會的，到了那邊就有馬了。」我再度大膽揣測。「路也會變得比較平坦。」就我所知。「那是個河谷。非常美。」

當我離開時，他正掙扎著試圖站起來。雖然離太陽下山尚早，但氣溫已逐漸往下降，刺骨的冷風陣陣襲來。只剩寥寥可數的朝聖者在這磨損膝蓋的下坡路上行走。他們緊握住彼此的手，一邊走還一邊禱告，更不忘停下來撫摸印有密勒日巴腳印的石頭（棉線和酥油把這些石頭弄得花不溜丟），或放一塊小石頭到瑪尼堆上。我看到了艾斯沃，他站在我下方兩百英尺處等著，踩在崩塌的頁岩上。步道上到處是人們不要的空罐子和香菸盒，彷彿垃圾在這裡也成了聖物。左右兩邊的斜坡呈對角線往下通往拉姆曲（Lham-chu）河谷，地平線的盡頭盡是巉峻的峭壁。在我們右邊有一擎天的黑色山峰，名為「命運的斧頭」（Axe of Karma），朝聖者鮮少會去，因為（據說）那裡沒有度母護持。

終於我在傍晚時分來到地勢比較和緩的峽谷。過了印有佛祖腳印的大石頭後，拉姆曲將流經平坦的牧草地，放牧的馬兒快樂地徜徉其中。我還有八英里路要走，不過這路程輕鬆多了，旁邊是不斷改變路徑的小河，由幾百年前改信佛教的山脈給環繞住。從第三個拜佛台望過去，偶爾可看到岡仁波齊峰東壁的尖頂，至於在我左邊則閃耀著藥師佛守護的山，聽說山上長滿了能治病的藥草和礦物。

當我抵達帳篷時太陽已經下山了。天空出現了幾顆星星，尊最普寺（Zutrul Phuk monastery）下的營區，奇蹟山洞（Cave of Miracles）附近，一片靜謐，犛牛和遊客都已經在休息了。一整天都趕在我們前面的瑞姆用營養口糧還有熱湯，弄了一頓豐盛的料理。我們安靜地坐在一起，任憑夜晚的氣溫急速下降。卓瑪拉山口已經被我們拋在身後，大夥兒一副累壞了的模樣。我們把睡袋鋪在堅硬的地表上，假裝那是天鵝絨。我就著手電筒的光寫了一會兒筆記，試圖回想朝聖者衣服的顏色、山口附近岩石的紋理。可惜手指凍僵了，我很快便放棄了。在睡著的那幾分鐘前，一股悵然若失的感覺陡然升起，糾纏我許久的那個什麼好像消失了。

一道模糊的光打在帳篷附近，我一直醒醒睡睡的。外頭，薩嘎達瓦的月亮依舊掛在黎明的天空中，某個無主孤魂正飄向霧濛濛的山谷。就在我們帳篷旁邊，拉姆曲河正轟隆隆地從碎冰之間流過，我頭一次注意到這裡的黃色灌木跟尼泊爾生長在石縫中的那些很像。

這間寺廟蹲踞在飽受強風侵襲、一路從岡仁波齊峰往西傾斜的台地下方。它的牆又矮又不堅固，上頭開了一整排不起眼的小窗，宛如西班牙大帆船的炮門。它的歷史，就像這地方許多偏遠的噶舉小廟，充滿了玄妙和不可思議。建於一二二〇年代的它，可憐到一百年前只剩一名看守人住在那裡，之後毀於文化大革命，並於一九八三年重建成現在這座泥磚堡壘。

黎明時分，我一邊發抖一邊在廟裡逛了起來。我看到已經很熟悉的神明畫像：觀世音菩薩、阿彌陀佛、蓮花生大士，祂們就像是大法官端坐在寶座上，背後頂著淡綠色的光環。然後我來到充滿奇蹟的山洞，這也是我熟悉的：一塊高起的石板，就這樣。曾經密勒日巴大師在上面打坐、吟唱詩歌。凡有印記的石頭全放上了佛桌，使得其他聖人和隱士的行跡得以保留，裡面甚至還有格薩爾王坐騎的蹄印呢！不過這地方最珍貴、最有力量的當屬密勒日巴的畫像。原本的雕像，據說是用大師自己的血還有排泄物捏塑而成的，操刀者是一位名叫西藏瘋行者（the Divine Madman of Tsang）的密教信徒，不過，這個現在已經看不到了（如果它曾經存在的話）。只剩一尊密勒日巴的青銅像坐在石造的神龕裡。在所有菩薩中，祂的雕像算是最好認的，因為他會用右手罩住自己的一隻耳朵，聆聽空行母的呢喃，或是他自己的歌聲。

他的生平在他死之前（一一三五年），由一名弟子講述了出來，裡面充滿了誅法和咒術、對情感的執著和放下，還有苦行的磨難和狂喜。這些全以第一人稱的方式，很親切、很吸引人地講述出來，使得密勒日巴受到其人民的愛戴長達數百年之久。事實上，這部傳記，連同密勒日巴的詩歌都是在他死後四百年由一名學者寫成的。且不管這些故事是怎麼來的，他們所塑造的密勒日巴都是一個角色很鮮明的人。

他年輕的時候，在一心想要報復的母親的鼓舞下，用咒術殺了很多人。為此他深感不安，於是拜在馬爾巴（Marpa）的門下，想藉此消除罪業。馬爾巴給了他許多磨練，考驗他的心志，直到他的罪被赦免。當他回到老家的時候，他發現月光下的屋子早已空無一人，曾經恐懼、厭惡他的村民還特地避開這裡。他走進房子裡，發現一堆破布和白骨，雖然他不願承認，但他知道那是他的母親，他深愛的母親。於是他枕在母親的屍骨上睡了七天七夜，細細體會諸事的無常。

長達數年的時間，他就像是個野人隱居在偏僻的洞穴裡。蕁麻是他唯一的食物，所以他的皮膚到後來都變成了綠色。終於找到他的妹妹看到他那副德性，竟稱他為人形毛毛蟲。他的樣子實在是太可怕了，沒有人敢正眼瞧他。然而，他卻覺得自己的心智愈來愈澄明，更不時地隨興吟唱詩歌。漸漸地，他的生活方式和教法吸引到一小幫信眾，他一直活到八十三歲才因對手的毒害而失去了性命。他傳奇的一生和他所留下的詩歌——不管是誰編纂的，使他成為西藏人心目中最偉大的聖人，即使在他死後這麼多年，仍有忠誠的弟子宣稱：你大可踩在他身上，把他當作一條路，當作腳下的泥土；他會一直在那裡。

在岡仁波齊峰附近，密勒日巴成為佛教征服苯教的急先鋒，有關他的神奇事蹟傳遍整個山域。苯教巫師跟密勒日巴鬥法，卻敗給了他（比賽轉山的時候，密勒日巴把那若本瓊順時鐘地拉了回去），他倆用來比賽的石頭曾經擋住我們的去路。最後一次比試，苯教巫師和密教大師打賭，先到岡仁波齊峯頂者為優勝，於是巫師站在他的魔鼓上，拚命地往上飛，可密勒日巴乘著一縷陽光一下子便到了。巫師大吃一驚，他的鼓滾下神山的南壁，至今仍留有痕跡。為了不要把關係搞得太僵，密勒日巴賞給遭驅逐的苯教另一座山，在那裡它的信徒依舊習慣逆時鐘轉山。帶給逃到加德滿都的苯教老喇嘛安慰的也是這座山，它的雪峰就聳立在瑪旁雍錯湖的北岸。

奇蹟山洞裡充滿了密勒日巴的神蹟，可惜裡面太暗了，幾乎什麼都看不到。天花板上有幾處凹陷，據說那是他用手還有肩膀推搡出來的，他的腳印至今仍保留在屋頂的上方，因為他想把那邊的土踩平。就連那支石頭打造的三叉戟也還在，雖然早被紅衛兵折斷。旁邊還有一塊長得像陽具的石頭，凡撫摸它的人都能得到保佑。

負責作陪的和尚指著被煙燻黑的天花板，說上面還有幾個手印。我摸了一下，觸感挺冰涼的。密勒日巴拿石頭堵住上面的縫隙，好讓山洞裡溫暖一點。和尚是這麼告訴我的。傳說中，大師所遭遇的試煉和磨難是難以想像的，不過，其中一些人性化的小插曲倒是挺感人的，比方說，小時候老鼠是怎樣在他家橫梁上築窩的，還有他的未婚妻是怎樣離開他的。事隔多年他回到老家，得把家裡的破書、舊書全賣了，才有錢請人家幫母親念經、做法事。這些發霉的大部頭書是他最後的財產，到此他真是一無所有、孑然一身了。他離開村莊，把母親的屍骨隔著衣服揣在懷裡，好時時提醒自己無常隨時會到來，不管是他的還是母親的。還有什麼比這更能撫慰失去親人的人呢？人類有限的體悟告訴他：所有事、所有相都是假的。

離開前，我留下香油錢，並親眼看著和尚把酥油燈點上。

寺廟旁邊的峭壁上布滿了廢棄的山洞，黎明的晨光灑在空蕩蕩的壁爐前和打坐的平台上。沿著坡道，數以千計的瑪尼堆和刻了字的石頭把經文的力量傳送到整個峽谷。我們準備出發。水量變大、顏色變成藍色的拉姆曲河，往西南奔流而去。艾斯沃又生龍活虎了起來，他的頭變輕了，倒是我開始昏沉沉的，好像這幾天累積的疲勞突然一擁而上。

此刻步道已比河岸還高，一陣風從峽谷上方捲起，據說那上面黑黑紫紫的顏色是魔王的坐騎留下的血，它死於格薩爾王之手。我們茫然地踩過那些血漬，穿過灌木叢和黃褐色的頁岩，俯瞰著顏色斑駁的石壁奇景。就在這塊調色盤上，兩名朝聖者正有如毛毛蟲般地往前蠕動。他們不斷地趴下、站起，墊了木板的手高高舉起，禱告完後又趴了下去。他們的臉很黑、整個罩住——應該是兩個女人，年輕且疲倦。其中一人每拜一次就念誦一段經文，另外一個聲音輕得像隻貓咪。馬蹄揚起的塵土讓她們的眼睛都睜不開了。

我小心謹慎地超越她們，深怕打擾她們私密的儀式，可她們依舊抬起臉，給了我溫暖的微笑。一小時之內，我已經來到峽谷步道的頂端，展開在我面前的是記憶中寧靜的巴噶平原。在我們腳下，呈放射狀奔流的薩特累季河將在幾千哩後匯入印度河，天上的雲靜止不動。轉山就快結束了，此刻我們面向的是岡仁波齊峰南面的山巒。再走四十英里，越過高原，就會看到納木那尼峰的白色雪峰，以及雪峯下有如湛藍寶石的鬼湖拉昂錯。附近有一條路沿著最後一段山麓延伸，朝聖者正踏上返鄉之途。

國家圖書館出版品預行編目資料

走進西藏聖山／柯林・施伯龍（Colin Thubron）著；婁美蓮譯. -- 一、二版. -- 臺北市：馬可孛羅文化出版：家庭傳媒城邦分公司發行，2024.09
面； 公分. -- （當代名家旅行文學：MM1118X）
譯自：To a mountain in Tibet
ISBN 978-626-7520-07-9(（平裝）
1.CST: 遊記 2.CST: 西藏自治區
676.669 113010354

當代名家旅行文學

MM1118X

走進西藏聖山

To a Mountain in Tibet

作　　者❖柯林・施伯龍（Colin Thubron）
譯　　者❖婁美蓮
封面設計❖木木Lin
總 編 輯❖郭寶秀
總 策 畫❖詹宏志
責任編輯❖郭棤嘉
特約編輯❖曾淑芳
行　　銷❖力宏勳

事業群總經理❖謝至平
發 行 人❖何飛鵬
出　　版❖馬可孛羅文化
台北市南港區昆陽街16號4樓
電話：(886)2-25000888
發　　行❖英屬蓋曼群島商家庭傳媒股份有限公司城邦分公司
台北市南港區昆陽街16號8樓
客服服務專線：(886)2-25007718；25007719
24小時傳真專線：(886)2-25001990；25001991
服務時間：週一至週五9:00～12:00；13:00～17:00
讀者服務信箱：service@readingclub.com.tw
劃撥帳號：19863813　戶名：書虫股份有限公司
香港發行所❖城邦（香港）出版集團有限公司
香港九龍九龍城土瓜灣道86號順聯工業大廈6樓A室
電話：（852）25086231　傳真：（852）25789337
E-mail：hkcite@biznetvigator.com
馬新發行所❖城邦（馬新）出版集團 Cite (M) Sdn Bhd
41, Jalan Radin Anum, Bandar Baru Sri Petaling,
57000 Kuala Lumpur, Malaysia.
電話：（603）90578822　傳真：（603）90576622
E-mail: cite@cite.com.my
輸出印刷❖前進彩藝有限公司
初版一刷❖2013年2月
二版一刷❖2024年9月
定　　價❖400元
電子書定價❖280元
ISBN 978-626-7520-07-9
EISBN 9786267520062